HANSESTADT WISMAR

Hansestadt
WISMAR

Nicole Hollatz

REISEFÜHRER

HINSTORFF

Baumhaus
Stockholmer Str.
Gewerbegebiet
Alter
Alter
Alter Hafen
Schiffsrundfahrten
Altes Zollhaus
Lagerstraße
Holzhafen
Holzhafen
Holzhafen
Westhafen
Lagerstraße
Am Hafen
Wassertor
Wasserstraße
Am Lohberg
Grützmacherstr.
Kl. Königstr.
Hohe
Rd. Grube
Am Platz
Ziegenmarkt
Schiffbauerdamm
Fischerreihe
1 Ro
Bre
Holzdamm
Ulmenstraße
Claus-Jesup-Str.
Wollenweberstr.
Neustadt
Speicherstr.
Zeughaus Stadtbibliothek
Lübsche Straße
Lübsches Tor
Zeughausstr.
Heide
Beguinenstr.
Heiligen-Geist-Kirche
Lübeck
Tierpark / Bürgerpark
Lübsche
Straße
Wallstr.
Gr. Hohe Str.
Negenchören
St.-Georgen-Kirchhof
Vor d. Fürstenhof
Badstaven
Volkshochschule
St.-Georgen-Kirche
Fürstenhof
Amtsgericht
Neue Wallstr.
Glatter Aal
Bliedenstr.
5
5 Stavenstr.
Wallgärten
Dahlmannstraße
Baustr.
Papenstraße
Reuterplatz
Petriberg
Dank-
Weiden
damm
A 20, Schwerin
Schweriner Str.
© Ing.-Büro für Kartografie, Schwerin

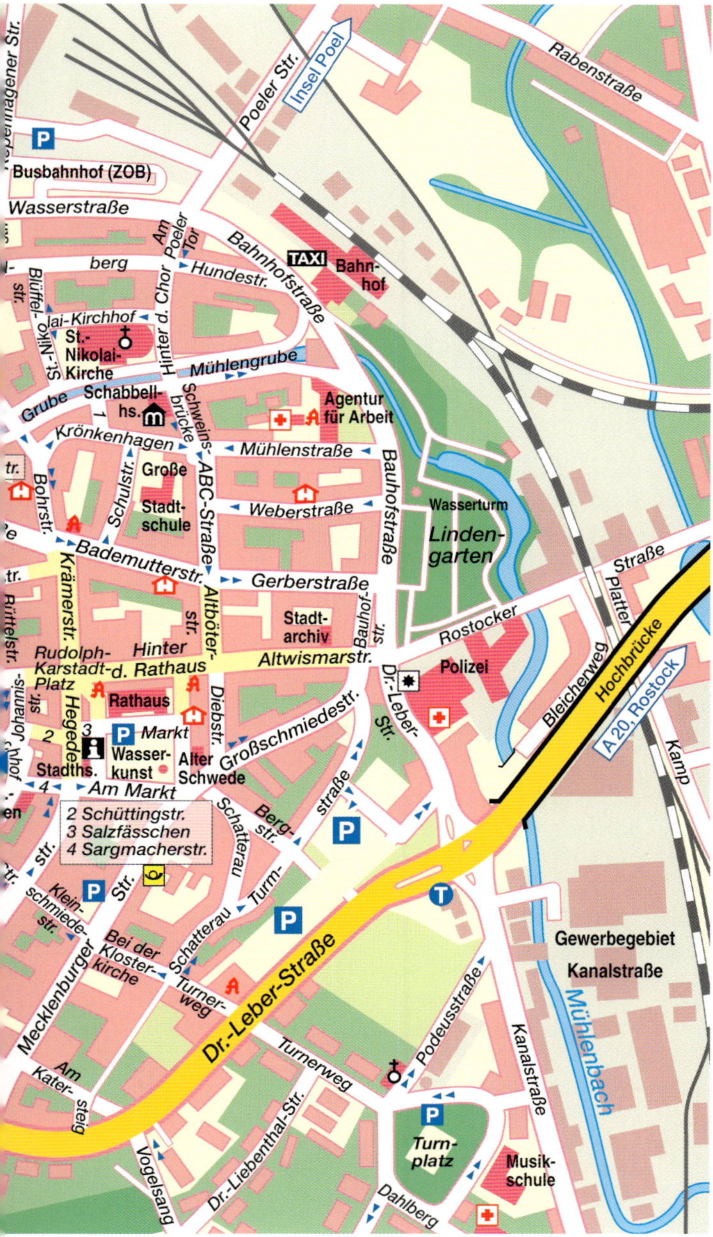

Busbahnhof (ZOB)
Wasserstraße
Poeler Str.
Insel Poel
Rabenstraße
Bahnhofstraße
TAXI
Bahnhof
Am Poeler Tor
Hundestr.
Hinter d. Chor
St.-Nikolai-Kirchhof
St.-Nikolai-Kirche
Mühlengrube
Grube
Schabbellhs.
Schweinsbrücke
Agentur für Arbeit
Krönkenhagen
Mühlenstraße
Bauhofstraße
Große Stadtschule
Schulstr.
Bohrstr.
ABC-Straße
Weberstraße
Wasserturm
Lindengarten
Bademutterstr.
Krämerstr.
Gerberstraße
Altböterstr.
Stadtarchiv
Bauhofstr.
Rostocker Straße
Platter Straße
Hochbrücke
Rudolph-Karstadt-Platz
Hinter d. Rathaus
Altwismarstr.
Polizei
Bleicherweg
A 20, Rostock
Rathaus
Diebstr.
Hegede
Großschmiedestr.
Dr.-Leber-Str.
Kamp
Markt
Wasserkunst
Alter Schwede
Stadths.
Am Markt
2 Schüttingstr.
3 Salzfässchen
4 Sargmacherstr.
Schatterau
Bergstr.
Turmstraße
Kleinschmiedestr.
Mecklenburger Str.
Bei der Klosterkirche
Turnerweg
Dr.-Leber-Straße
Gewerbegebiet Kanalstraße
Mühlenbach
Podeusstraße
Kanalstraße
Am Katersteig
Dr.-Liebenthal-Str.
Vogelsang
Turnplatz
Musikschule
Dahlberg

Studenten der Hochschule Wismar

Titelbild: Krämerstraße; Seite 1: Archidiakonat beim Marienkirchturm; Seite 2: Fischverkäuferin am Alten Hafen

Die Autorin: Nicole Hollatz, Wirtschaftsjuristin, lebt und arbeitet als freie Journalistin in Wismar.

Die Informationen in diesem Reiseführer wurden gewissenhaft recherchiert und geprüft. Gleichwohl sind inhaltliche und sachliche Fehler nicht restlos ausgeschlossen. Verlag und Autorin übernehmen deshalb im Sinne der Produkthaftung keine Garantie.

Die Deutsche Natonalbibliothek verzeichnet diese Publikation in der Deutschen Nationalbibliografie; detaillierte bibliografische Daten sind im Internet über http://dnb.ddb.de abrufbar.

2. überarbeitete und aktualisierte Auflage 2017

Lagerstraße 7, 18055 Rostock | Telefon: 0381/4969-0
www.hinstorff.de

Herstellung: Hinstorff Verlag GmbH
Lektor: Dr. Florian Ostrop
Titelgestaltung | Layout: Beatrix Dedek
Druck und Bindung: Westermann Druck Zwickau GmbH
Printed in Germany
ISBN 978-3-356-02114-1

Am Timmendorfer Strand auf der Insel Poel

Leben, wo andere Urlaub machen ...

... so beschreiben die Einheimischen Wismar. Und damit haben sie recht. Jedes Jahr kommen rund 600 000 Touristen, gut zehn Mal so viele Menschen, wie Wismar Einwohner hat. Tendenz steigend.

Der Charakter der traditionsreichen Stadt liegt zwischen dem angenehmen Charme einer überschaubaren Kommune und dem weltoffenen Flair eines Ostseehafens. Wismar entstand um 1229 entlang der Handelswege nach Hamburg, Lübeck und Rostock sowie in den skandinavischen Raum und stieg im Mittelalter zu einem angesehenen Mitglied der mächtigen Hanse auf.

Für eine Anfahrt auf dem Wasser bietet Wismars Hafen gute Voraussetzungen. Auch Wohnmobile finden hier einen Stellplatz in unmittelbarer Nähe zur Altstadt.

Geografisch gesehen liegt die Stadt an der Südspitze einer durch die Inseln Poel und Lieps geschützten Bucht der Ostsee. Sie ist eingebettet in das Grün der umliegenden reizvollen Natur, das Blau der Ostsee mit einer Spur Gelb – dem des Küstensandes. Die Wismarbucht gilt als beliebtes Segelrevier, der stadteigene Badestrand ist nur 3 km vom Zentrum entfernt.

Wismar ist ein herausragendes Beispiel mecklenburgischer Backsteingotik. Seit Jahrhunderten begrüßen weithin sichtbare Kirchen die Besucher, die sich von See oder zu Lande nähern. Die Kirchenschiffe verbinden imposante Größe mit der handfesten Eleganz von Backstein und symbolisierten einst Reichtum und Macht. Der Stadtkern mit seinen mehr als 300 Einzeldenkmalen und einem über Jahrhunderte hinweg bewahrten mittelalterlichen Grundriss steht auf der Welterbeliste der UNESCO.

Ein Tipp für autofahrende Tagesgäste:
Parken in der Altstadt wird dank vieler Einbahnstraßen und weniger Parkplätze zur unnötigen Nervensache und Benzinverschwendung. Besser die kostenfreien Parkplätze, beispielsweise am Hafen, nutzen. Von dort aus sind es nur 10 Minuten bis zum Marktplatz – ein lohnenswerter Weg!

Wismars historische Altstadt und die Hafenanlagen aus der Luft.

Die Dimensionen der mittelalterlichen Kirchen Wismars (links: St. Georgen, rechts St. Nikolai) hinterlässt beim Besucher tiefen Eindruck.

Stadtporträt in Zahlen

Fläche:	41,8 km²
Einwohner:	43 997
Bevölkerungsdichte:	1 087 je km²
Telefonvorwahl:	0049 (0)3841
Durchschnittliches Alter der Einwohner:	44 Jahre
Sozialversicherungspflichtig Beschäftigte am Arbeitsort Wismar:	16 559
Studenten an der Wismarer Hochschule:	8 749
Güterumschlag im Hafen Wismar:	3 700 000 t
Betten und Schlafgelegenheiten in Beherbungsstätten:	1 654
Durchschnittliche Verweildauer:	2,6 Tage

Quellen: Statistisches Landesamt Mecklenburg-Vorpommern / Kommunale Statistikstelle / Bundesagentur für Arbeit / Kraftfahrt-Bundesamt.

Geschäftiges Treiben in der Krämerstraße.

Geschichtliches

Die Besiedlung geht auf slawische Ursprünge zurück. Bis zum Ende des 10. Jahrhunderts lebten nahe des heutigen Dorfes Mecklenburg – sieben Kilometer von Wismar entfernt – die slawischen Obotriten. Wann genau die Stadt Wismar gegründet wurde, ist historisch nicht belegt. Eine Urkunde aus dem 12. Jahrhundert erwähnt einen „Wizmar Havn" – einen Wismarer Hafen. Eine weitere von 1229 setzt das Stadtrecht voraus, sodass diese Jahreszahl mangels einer genaueren Angabe als Gründungsdatum gilt. Fest steht, dass die Stadt aus einer Kaufmannssiedlung im Gebiet der heutigen St. Nikolaikirche heraus gebaut wurde, so wie dies damals auch an anderen Orten üblich war. Die Stadtgründung geht vermutlich auf Heinrich Borwin I. zurück, den Fürsten von Mecklenburg und Sohn des Obotritenfürsten Pribislaw. Aus den Gebieten Holstein, Westfalen, Niedersachsen und der Mark Brandenburg stammten die ersten Siedler. Wismar bekam vor 1266 durch den mecklenburgischen Fürsten Heinrich I. das Lübische Recht verliehen, also das Stadtrecht der Reichsstadt Lübeck als eines der bedeutendsten in Deutschland, das von über 100 Städten im Ostseeraum übernommen wurde. Mit der Verleihung erhielt Wismar wichtige Befugnisse, zum Beispiel das Münzrecht.

Bereits kurz nach der Stadtgründung, 1257, verlegte Fürst Heinrich I. seinen Wohnsitz nach Wismar. Gut 100 Jahre lang war Wismar Residenzstadt der Fürsten des Landes. Die Stadt wuchs in Etappen und intensiv. Bis 1238 wurde aus zuerst noch zwei Siedlungskernen ein Ballungszentrum, und durch den unverminderten Zuzug von Siedlern kam ab 1250 die „Neustadt" als Flächenerweiterung im Gebiet des Kirchspiels St. Georgen hinzu. Damit erreichte Wismar seine bis ins 18. Jahrhundert gültige territoriale Ausdehnung. Um 1276 war die erste Siedlungsphase beendet. Eine alle Teile der Stadt umschließende Stadtmauer wurde 1276 begonnen und erst im 15. Jahrhundert beendet. Reste dieser Mauer – einige Teile haben die Jahrhunderte unbeschadet

Das Wassertor ist von den ursprünglich fünf Toren in der alten Stadtmauer erhalten geblieben. Heute beherbergt es einen maritimen Verein.

überdauert, andere wurden nach historischer Vorlage neu gebaut – begrenzen auch heute noch die Altstadt. Um 1300 sollen bereits 5 000 Menschen in Wismar gelebt haben.

HANSEZEIT Wann genau das große Wirtschaftsbündnis und Handelsnetz namens Hanse gegründet wurde, lässt sich nicht belegen, wohl aber, dass die damals junge Stadt Wismar an diesem Bündnis regen Anteil nahm. Die Handelswege des späten Mittelalters waren gefährlich, egal ob zu Wasser oder auf den staubigen Straßen. Deswegen schützten sich erst die Händler, dann die Städte durch Verträge gegenseitig. 1259 schlossen sich Rostock, Lübeck und Wismar zusammen, um gemeinsam gegen die Seeräuber Stärke zu demonstrieren. 1280 kamen Stralsund und Hamburg hinzu: Der Wendische Städtebund der Hanse entstand. Wismar kam durch Export zu Wohlstand. Wismarer Bier – es gab über 180 Brauereien in der Stadt – wurde vor allem nach Skandinavien exportiert, daneben auch Hopfen, Salz, Fisch und Getreide. Zeugnisse des wirtschaftlichen Erfolges sind die großen Kirchen, die den Heiligen Maria, Nikolaus und Georg geweiht sind. Allerdings brachen 1267, 1350 und 1377 verheerende Stadtbrände aus, denen viele Bürgerhäuser und auch das gotische Rathaus zum Opfer fielen. Danach wurde neu gebaut, statt der sonst oft vorherrschenden Holzhäuser nun Stein auf Stein. Die Pest machte vor den großen Stadtmauern nicht halt – in den Jahren 1350 und 1376 forderte sie in deren Innerem rund 12 000 Menschenleben. Politisch versuchte die Stadt (wie übrigens noch heute), ihre Unabhängigkeit gegenüber der Landesherrschaft auszubauen. Der führende Bürgermeister und seine Ratskollegen gingen dabei recht dreist vor. Als Heinrich I. im Nahen Osten in Gefan-

Wismar ist Bierstadt!

Bier war im Mittelalter eines der Hauptnahrungsmittel. Kindern ab acht (!) Jahren gab man schon Bier, das damals allerdings um einiges dünner war als heute und im Zweifelsfalle auch sauberer als manch ein Wasser. Acht Liter Bier sollen die Wismarer täglich im Durchschnitt getrunken haben – ob das stimmt? Vielleicht haben die 3000 schwedischen Soldaten, die später in Wismar stationiert waren, mitgeholfen, den Durchschnitt zu steigern. Es gab etwas über 180 Brauerein in der Stadt, Häuser mit Braurecht, die entweder für den eigenen Bedarf oder zum Verkauf brauen durften. Vor den Toren der Stadt sollen 130 Hopfengärten den Rohstoff geliefert haben. Das Bier wurde weithin exportiert, es gab sogar Städte, die den Import Wismarer Bieres untersagten oder mit hohen Zöllen belegten, weil es einfach besser war als das jeweils einheimische. Heute gibt es wieder eine aktive Brauerei, das Alte Brauhaus direkt am Hafen.

Am Lohberg lässt sich mit Blick auf den Hafen ein traditionell gebrautes Hausbier genießen.

genschaft kam, ließen sie die Stadtmauer 1276 kurzerhand so errichten, dass Heinrichs Burg außerhalb Wismars lag. 1311 kam es zur militärischen Konfrontation mit dem Landesherren, in der Wismar unterlag und seine gewonnenen Freiheiten aufgeben musste.
Immer wieder wurde Wismar in kriegerische Auseinandersetzungen verwickelt, in denen manches alte Bündnis nichts mehr zählte. Dabei heuerte der Rat gemeinsam mit Rostock im Krieg gegen Königin Margaretha von Dänemark sogar Freibeuter an, die durch „Kaperbriefe" das Recht bekamen, dänische Schiffe zu überfallen, ohne dafür geächtet zu werden. Diese „Vitalienbrüder" – ihren Namen verdanken sie wohl der Bezeichnung für Viktualien (Lebensmittel) – entwickelten sich unter der Losung „Gottes Freund, aller Welt Feind!" zu waschechten Piraten mit Freibrief, denn sie sollten den Seehandel der mächtigen Hansestadt Lübeck, die sich mit Dänemark verbündet hatte, durch Kaperfahrten unterbinden und die Lebensmittelversorgung des schwedischen Stockholm aufrecht erhalten. Aus den Helfern im Krieg wurden gefürchtete Seeräuber in Friedenszeiten – denn auch nachdem ihre Unterstützung nicht mehr gebraucht wurde, ließen die Vitalienbrüder ihr einträgliches Geschäft nicht ruhen. Nachdem die Hanse den Krieg gegen Dänemark gewonnen hatte, kaperten die Seeräuber weiter. Der wohl berühmteste Pirat, Klaus Störtebeker, soll übrigens in Wismar gelebt haben.

Die Wissemara wurde als mittelalterliche Kogge nachgebaut und sorgt so für Aufsehen und schöne Mitsegeltörns im Wismarer Hafen.

Innerhalb der Hanse traten die eigenen Interessen der Städte gegenüber der überregionalen Gemeinschaft in den Vordergrund. Im 17. Jahrhundert löste sich die Hanse schließlich auf. In stolzer Erinnerung an eine große Zeit trägt Wismar seit 1990 den offiziellen Beinamen Hansestadt.

SOZIALE UNRUHEN UND REFORMATION Bier war, wie erwähnt, Wismars Exportschlager. 400 000 Liter wurden 1465 innerhalb der Stadtgrenzen gebraut. Die Braumeister wurden immer wohlhabender, so manches heute reich verzierte Giebelhaus beherbergte einst einen von ihnen. Die wirtschaftliche Bedeutung der Brauherren festigte ihren führenden politischen Einfluss in der Stadt. Das störte eine andere ökonomisch aufstrebende Gruppe, die Handwerker. Unter Führung des gebildeten Wollenwebers Claus Jesup stürzten sie 1411 den Rat der Stadt.

Fünf Jahre lang war Jesup Bürgermeister, bevor ihn der alte Rat wieder absetzen konnte. Einige Jahre später kam dann die große Politik dem kleinen Wollenweber zu Hilfe. 1427 wurden die hansischen Kriegsschiffe, darunter auch solche aus Wismar, beim Krieg gegen Dänemark vernichtend geschlagen. Ein großer Verlust für die Stadt, denn dazu wurden hiesige Handelsschiffe durch die Dänen gekapert. Die Schuld wird dem Kommandeur der Wismarer Schiffe gegeben: Hinrich von Haren. Der Vorwurf – Verrat vor dem Feinde – kann historisch nicht belegt werden. Von Haren wurde dennoch – ohne Prozess – zum Tode durch das Schwert verurteilt, im Oktober 1427 das Urteil auf dem Wismarer Marktplatz vollstreckt. Fast drei Wochen später richtete man den damaligen Bürgermeister, Johannes Bantzekow, an gleicher Stelle hin. Claus Jesup wurde 1428 erneut Bürgermeister nach einem blutigen Handwerkeraufstand, diesmal allerdings nur für zwei Jahre. Der wieder eingesetzte alte Rat musste sich dem Landesfürsten beugen: Die Zeit der nach außen starken Hansestadt war vorbei.

Eine unscheinbare Tafel erinnert an die Hinrichtung eines Bürgermeisters und eines Ratsherren im 15. Jahrhundert.

Und innerhalb der Stadtmauern wurden zunehmend verrohte Sitten beklagt. Der erste Pfarrer von St. Marien hatte etliche „Beischläferinnen" und eigene Kinder zu versorgen, in der Stadt lebten Glücksspiel, Trinker und Huren. Die Geistlichkeit begegnete solch lasterhaftem Leben bekanntermaßen mit einem munteren Ablasshandel: Um die Seele von allen weltlichen Verfehlungen zu reinigen, genügte die Zahlung in die Kiste des Ablasshändlers. Buße, Reue oder Sühne schienen nicht mehr nötig. Die Lehre des Augustinermönchs Martin Luther, der engagiert gegen diese Praxis kämpfte, kam auch in Wismar an. Während sich die Mitglieder des Wendischen Städtetages dieser „neuen und gefährlichen Sekte und Lehre" 1525 noch verweigerten, hielten sich Wismar und Stralsund bereits mit kritischen Äußerungen zurück. In der Stadt selbst hatten die Bürger keine Scheu, ihre Meinung pro Luther kundzutun, wodurch sie den Unmut des Landesfürsten erregten. 1527 wurden die ersten lutheranischen Pfarrer in St. Georgen und St. Nikolai eingesetzt. Allerdings blieb die Stadt bis in die 1550er-Jahre auch ein sicherer Hafen für die Altgläubigen. Diese eher langsame Entwicklung der Reformation resultierte aus der landesfürstlichen Politik und ihrem damals großen Einfluss auf das lokale Geschehen.

SCHWEDENZEIT Akten aus den 1550er-Jahren zeugen vom Zerfall der Stadt, von unbewohnten Häusern, Armut und Hunger. Die Gründe hierfür waren vielfältig. Die ständigen Auseinandersetzungen Wismars mit den Landesherren schwächten die Wirtschaft. Auch die als Grafenfehde bekannt gewordenen kriegerischen Konflikte zwischen Dänemark und Schweden wirkten sich negativ aus. Der Dreißigjährige Krieg richtete noch weit ärgere Schäden an. Ein großes dänisches Heer zog 1627 an Wismar vorbei auf die Insel Poel, um Kriegsschiffe zu besteigen. Den dänischen Truppen folgten Soldaten des Generals Wallenstein, die Wismar aufnehmen und verköstigen musste. Im November 1627 sollen 3000 Soldaten in der Stadt untergebracht gewesen sein – zwangsweise einquartiert bei der einfachen Bevölkerung. Jeder einzelne von ihnen sollte täglich drei Liter Wismarer Bier bekommen – bezahlt von unfreiwilligen Gastgebern. Wohlhabende Bürger verließen die Stadt, überschrieben ihre Häuser der Kirche und dem Zinsherren, sodass sie notgedrungen dem Verfall preisgegeben waren. Wallenstein zwang die Wismarer, Frondienste beim Ausbau ihrer Stadt zur Festung zu leisten. Auch die Insel Walfisch – ein kleines, zwischen Poel und Wismar gelegenes Eiland – wurde zum Fort ausgebaut. Reste davon sind noch immer aus der Vogelperspektive erkennbar.

Im August 1631 schlossen erneut fremde Truppen Wismar ein. Als die Vorräte ein halbes Jahr später aufgebraucht waren, öffneten sich den Belagerern die Stadttore. Wismar wurde nun schwedisch besetzt. Mit dem Friedensvertrag von Osnabrück (1648) fielen Wismar, die Insel Walfisch, ein Teil von Poel und das Amt Neukloster als „immerwährendes und unmittelbares Reichslehen" an die schwedische Krone. Wismar blutete unter den Schweden weiter aus. Den Privilegien der

Über dem Eingang des Zeughauses, der heutigen Stadtbibliothek, erinnert ein Wappen an die Schwedenzeit, die nach dem Dreißigjährigen Krieg begann.

Grundriss der Stadt und Festung Wismar nach Merian (1653)

Stadt und der Entscheidungsfreiheit des Wismarer Rates tat die Abtretung an Schweden allerdings keinen Abbruch – solange im Sinne der neuen Machthaber entschieden wurde.

Seit 1653 befand sich das schwedische Tribunal im Wismarer Fürstenhof. Wo einst die mecklenburgischen Herzöge residiert hatten, ergingen nun Urteile in letzter Instanz für die deutschen Provinzen des Königreiches Schweden. Wismar wurde zur größten Festung Europas ausgebaut und von einem Gürtel mit 18 Bastionen, neun Ravelins und zwei Zitadellen umfasst. Als Ravelin (zu deutsch „Wallschild") bezeichnet man im Festungswesen ein eigenständiges Werk mit meist dreieckigem Grundriss, das den Wall- und Grabenabschnitt zwischen zwei Bastionen schützt. Die Stadtmauer war bis zu einem Meter dick und vier Meter hoch. Rund 3 000 Soldaten waren in Wismar stationiert. Die Schweden waren bemüht, den städtischen Handel wieder aufleben zu lassen, indem sie beispielsweise Zölle reduzierten.

Als Ostseehafen blieb Wismar heiß umkämpft. Nach erneuter Belagerung durch dänische und brandenburgische Truppen (1676) wurde die Stadt für fünf Jahre dänisch, bevor sie auf diplomatischem Wege wieder unter schwedische Herrschaft kam. Mit neuartigen Bomben und Feuerkugeln wurde sie 1711, 1712 und 1715 von dänischen, hannoverschen und preußischen Truppen angegriffen. 1716 erfolgte die Kapitulation, nachdem zuvor selbst Handwerksburschen zur Verteidigung verpflichtet worden waren. Die Festungsanlagen wurden geschleift, Wälle abgetragen, Gräben zugeschüttet, Bastionen gesprengt. Wismar fiel mit unerfüllbaren Kontributionsforderungen zurück an Schweden. Mit zunehmender Schwäche des schwedischen Königreiches schwanden alle Hoffnungen auf eine Genesung der verküm-

merten lokalen Wirtschaft. Um 1726 herrschte in Wismar bittere Armut, die sich noch verschlimmerte, als die Stadt in den Siebenjährigen Krieg hineingezogen wurde.
1803 kam Wismar nach anderthalb schwedischen Jahrhunderten per Pfandvertrag wieder unter mecklenburgische Herrschaft. Damals lebten etwas über 6 000 Menschen in der Stadt – kaum mehr als in der Gründungszeit.
1903 verzichtete Schweden auf die Einlösung der verpfändeten Stadt, die nun endgültig wieder ein Teil von Mecklenburg-Schwerin wurde. An ihre schwedische Zeit erinnert immer noch das große Schwedenfest, das alljährlich im August gefeiert wird.

19. JAHRHUNDERT Was durch die ständigen Belagerungen und Kriege zerstört worden war, kam nur langsam wieder in Gang. Wismars Kirchen drohten einzustürzen, die Straßen sollen voller Bettler gewesen sein. Die Stadt war durch immense Forderungen nach dem Siebenjährigen Krieg lange Zeit hoch verschuldet. Zudem war Wismar politisch wie auch wirtschaftlich fast isoliert, gehörte nicht mehr zu Schweden, galt in Zoll und Handel aber auch aus Sicht Mecklenburgs noch als Ausland.
Ein junger Mann legte den Grundstein für ein langsames Aufblühen. Anton Johann Friedrich Haupt (1800–1835) wurde als 26-Jähriger Bürgermeister. Er schuf eine Armenordnung, Arbeits-, Kranken- und Kinderhäuser, reformierte die Verwaltung und das Bestattungswesen. 1832 wurde der neue Friedhof vor den Toren der Stadt geweiht – bis dato war es Usus, sich vor bzw. in den Kirchen bestatten zu lassen. Haupt verschonte mit seiner Weitsicht die ohnehin malträtierten Wismarer vor den großen Choleraepidemien der Zeit.
Die marode Wirtschaft sollte mit dem Ausbau von Straßen und Bahnlinien verbessert werden. Seit 1830 wurden neue Fernstraßen angelegt. 1841 entstand die Chaussee Wismar–Schwerin, 1848, 1883 und 1887 folgten nacheinander die Eisenbahnlinien nach Schwerin, Rostock und Karow. Intensiv, aber vergeblich bemühte sich die Stadt um eine weitere, direkte Linie von Lübeck über Wismar nach Stettin. Mit den 1863 gefallenen Zollschranken zu Mecklenburg setzte ein anhaltender Aufschwung ein. Der Hafen wurde zum wichtigen Umschlagsplatz für Kohle und Holz, landwirtschaftliche Produkte und Salz. 1881 gründete Rudolph Karstadt sein Warenhaus – die Grundlage eines Weltkonzerns. Große Sägewerke entstanden, 1890 folgte eine Zuckerfabrik. 1894 gründete Heinrich Podeus eine Waggon-

Segelnde Handelsschiffe prägten im 19. Jahrhundert noch das Gesicht des heutigen Alten Hafens.

fabrik, auch die Papierfabrikation gewann an Bedeutung. 1904 ging das Licht an in der Stadt – ein Elektrizitätswerk versorgte die Wismarer erstmals mit Strom.
Die Einwohnerzahl spiegelte die positive Entwicklung wider. Zwischen 1803 und 1895 verdreifachte sich die lokale Bevölkerung, 1913 erreichte sie die Marke von 25 000. Die Stadt lockte mit ihrer Industrie sowohl angelernte als auch gut ausgebildete Arbeiter und Angestellte. 1908 gründete Robert Schmidt die Ingenieurakademie, Keimzelle der heutigen Fachhochschule.

20. JAHRHUNDERT Der Erste Weltkrieg verschlechterte die Wirtschaftslage. Der Handel zur See hörte nach Kriegsbeginn fast vollständig auf. Lebensmittel wurden knapper, auch in Wismar wurde gehungert. Nach einem kargen Winter kam es am 4. Juli 1918, den Beispielen andernorts folgend, zu Tumulten. Marktstände wurden geplündert, Läden leer geräumt. Frauen, halbwüchsige Burschen und Schuljungen sollen dabei die Ausschlaggebenden gewesen sein. Jeweils zehn Arbeiter und Soldaten bildeten nach der Revolution von 1918 einen lokalen Arbeiter- und Soldatenrat, der sich in erster Linie um die Lebensmittel- und Polizeiverwaltung kümmerte. Bei der Wahl im Dezember 1918 siegten die politischen Vertreter der Sozialdemokratie. Die Bürgerschaft – erstmals waren auch Frauen vertreten – beschloss eine städtische Verfassung und wählte den ersten sozialdemokratischen Bürgermeister.
Insbesondere im Nordwesten Mecklenburgs führten Freikorps des Kapp-Putsches ein blutiges Regime, nachdem sie am 13. März 1920 die Re-

gierung in Schwerin verhaftet hatten. Die Arbeiter, aufgerufen von den Arbeiterparteien und Gewerkschaften, widersetzten sich den konterrevolutionären Putschisten und kämpften bis zum 20. März in Wismar erfolgreich gegen sie. Zum Gedenken an die Opfer unter den Arbeitern entstand bereits 1921 ein Grabmal auf dem Wismarer Ostfriedhof. Nach einem relativen Aufschwung in den 1920er-Jahren erreichte die Weltwirtschaftskrise auch Wismar. Zur Jahrhundertwende hatte ein Hühnerei weniger als sechs Pfennige gekostet, 1923 waren es 500 Mark! Zahlreiche Firmen gingen Pleite. Mehr als 4 000 Menschen in Wismar waren nach dem Konkurs der Maschinenfabrik arbeitslos.

Nach der Machtübernahme der Nationalsozialisten im Jahre 1933 wurde auch in Wismar das gesellschaftliche Leben gleichgeschaltet. Der neue Rat unter Bürgermeister Alfred Pleuger stieg in die Aufrüstungspolitik des Deutschen Reiches ein. Ende 1933 gründeten die Norddeutschen Dornier-Flugzeugwerke in Wismar eine Zweigniederlassung. Tausende fanden in den folgenden Jahren Arbeit in der Rüstungsindustrie. Politische Gegner und die laut NS-Ideologie unerwünschten Menschen erlitten in der Stadt Repressalien und wurden verfolgt. Kriegsgefangene und ausländische Zivilisten mussten während des Zweiten Weltkrieges Zwangsarbeit leisten, nicht nur bei Dornier, sondern auch in anderen Industriebetrieben, im Handwerk, Handel und in der städtischen Landwirtschaft.
Zwölf Bombenangriffe trafen die Stadt. Der letzte in der Nacht vom 14. zum 15. April 1945 schädigte das sogenannte Gotische Viertel schwer. St. Marien und St. Georgen wurden zu Ruinen. Bei Luftangriffen verloren 325 Menschen ihr Leben.

In Lizenz produzierten die Norddeutschen Dornier Werke ab 1935 den Standardbomber der deutschen Luftwaffe, die He 111.

Am 2. Mai wurde Wismar britisch-kanadischen Verbänden kampflos übergeben. Nun war die Stadt Kulisse für die historische Begegnung zwischen dem Marschall der Sowjetunion Rokossowski und dem Oberbefehlshaber der britischen Truppen, Feldmarschall Montgomery. Am 1. Juli 1945 zog die Rote Armee in die Stadt ein und übernahm sie, sodass Wismar Teil der sowjetischen Besatzungszone wurde. Nach dem Krieg lagen 15 Prozent der Wohnungen in Schutt und Asche, gleichzeitig war durch Flüchtlinge die Einwohnerzahl Wismars um 40 Prozent gestiegen.

Die Alte Schule im Gotischen Viertel wurde 1945 durch einen Bombenangriff zerstört.

DDR-ZEIT UND „WENDE" Durch viel Engagement seitens der Menschen, staatliche Vorgaben und damit verbundene Förderungen kam die Wirtschaft wieder in Gang. Der Hafen avancierte zum zweitgrößten der DDR gleich nach Rostock und wurde 1981 zum größten Kaliumschlagplatz der DDR ausgebaut. Drei Jahre später erreichte der Umschlag seinen bisherigen Rekord von 4,8 Mio. Tonnen.

Die Werft entstand aus einem 1941 ins Leben gerufenen Vorgänger und der Gründung eines Schiffsreparaturbetriebes der Roten Armee. Unter dem Namen Mathias-Thesen-Werft (MTW) wurde sie zum größten Arbeitgeber der Region mit zeitweise bis zu 7 000 Mitarbeitern.

Das markante Hochhaus am Platz des Friedens in Wismar-Wendorf entstand in den Fünfzigerjahren.

Neuer Wohnraum musste in den Jahren und Jahrzehnten nach Kriegsende geschaffen werden. Als neue Wohngebiete entstanden ab 1949 Wendorf, das Gebiet Am Köppernitztal, der Kagenmarkt und der Friedenshof mit der bekannten Plattenbauweise. Die Zahl der Einwohner stieg bis 1989 auf fast 58 000 mit allein rund 10 000 Kindern und Jugendlichen im schulpflichtigen Alter. Ab 1952 gehörte Wismar nach der Auflösung der Länder in der DDR zum Bezirk Rostock. Firmen wie beispielsweise Karstadt wurden enteignet und in Volkseigene Betriebe umgewandelt.

1960 sprengte man die Reste des Kirchenschiffes von St. Marien. Lediglich der Turm blieb aufgrund seiner Verwendung als Seezeichen und Landmarke erhalten. St. Georgen mit seinem zerstörten Dach zerfiel über Jahrzehnte weiterhin. Allerdings hatte sich die Stadt 1961 verpflichtet, beim Wiederaufbau der Kirchenruinen zu helfen. Das Innere der Heiligen-Geist-Kirche wurde so 1979 restauriert, Anfang der 1980er-Jahre wurden die Uhr und das Glockenspiel von St. Marien wieder in Betrieb genommen. Kirchgemeinden in Wismar wurden Ende der 1980er-Jahre wie in anderen Städten zum Ort für politisch Andersdenkende. Aus wöchentlichen Schweigemärschen zum Marktplatz, zuerst organisiert von Bürgern, die auf den Entscheid über ihre Ausreiseanträge warteten, wurden Massenkundgebungen. Am 7. November 1989 trafen sich 50 000 Menschen auf dem Markt, zwei Tage später wurden die Grenzen geöffnet. Am 6. Dezember 1989 tagte erstmals der sogenannte Runde Tisch. Ein Sturm im Januar 1990 ließ den Nordgiebel von St. Georgen einstürzen. So wurde mit dem Symbol von St. Georgen die Rettung der historischen Altstadt neben Politik und Zukunftssorgen eines der Hauptthemen der Wendezeit. Seit 1991 wird der historische Stadtkern im Rahmen der Städtebauförde-

Bis 1945 bot sich dieser Blick auf St. Georgen und St. Marien.

rung saniert. Zum großen Problem nach der „Wende" entwickelte sich Arbeitslosigkeit. Fast 20 Prozent der Arbeitsplätze in Wismar wurden wegrationalisiert, angefangen mit großem Personalabbau auf der Werft. Erst 1993 verließ die sowjetische Armee Wismar und hinterließ neben viel Munition im Boden auch ungenutzte Kasernen.

Berühmte Wismarer

Ob der berühmteste aller Seeräuber, Klaus Störtebeker († 1401) wirklich von hier kam, ist nicht eindeutig überliefert. Im Wismarer „Verfestungsbuch" aus dem Jahre 1380 (einer Art Gerichtsprotokollbuch) ist ein Vorfall festgehalten, wonach zwei Männer aus der Stadt gewiesen wurden, weil sie einem anderen in einer Schlägerei verschiedene Brüche zugefügt hatten. Dieser wird als „Nicolao Stortebeker" bezeichnet.

Bis 1395 hatten seine Piraten den Handel auf der Ostsee durch Seeräuberei fast lahmgelegt. 1401 wurde Störtebeker in Hamburg hingerichtet. Als letzten Wunsch soll er geäußert haben, diejenigen Kameraden zu verschonen, an denen er nach seiner Enthauptung kopflos vorbeilaufen könne. 13 Männern soll er so das Leben gerettet haben. Im Stadtgeschichtlichen Museum „Schabbellhaus" ist eine Kopie des Verfestungsbuches mit dem Nameneintrag ausgestellt. Beim Bummel durch die Stadt fallen zwei Hinweisschilder zum Thema Störtebeker ins Auge. Eines davon bezeichnet sein „Geburtshaus" (lediglich ein Spaß des Hauseigentümers). An der Ostseite des Rathauses hängt das „offizielle".

Informationstafeln wie diese finden sich auch an anderen Häusern der Altstadt. Sie verweisen auf historisch interessante Persönlichkeiten. Übrigens hielt sich auch der Schuhmacher Friedrich Wilhelm Voigt zeitweise in Wismar auf, der später als Hauptmann von Köpenick berühmt wurde.

Friedrich Christoph Dahlmann (1785 - 1860) wurde in Wismar geboren und verbrachte hier seine Kindheit und Jugend. Mit 17 Jahren studierte er in Kopenhagen, promovierte als 25-Jähriger an der Universität Wittenberg, erreichte ein Jahr später die Habilitation in Kopenhagen und mit 27 seine Berufung als außerordentlicher Professor für Geschichte an die Kieler Universität. 1806 zog es ihn für kurze Zeit zurück in seine Heimatstadt, „beherbergt" im Hause der Ge-

schwister, zwei Jahre später ließ er Wismar hinter sich und kam nur noch ein einziges Mal wieder (1838). Dahlmanns Hauptwerk „Die Politik, auf den Grund und das Maß der gegebenen Zustände zurückgeführt" erschien 1835. Sein Protest gegen den Verfassungsbruch des hannoverschen Königs machte ihn zusammen mit sechs Kollegen als „Göttinger Sieben" arbeitslos, wenn auch landesweit bekannt.
Sein Buch verkaufte sich zu Zeiten der Revolution 1848/49 sehr gut. Dahlmann zog in die Nationalversammlung ein und arbeitete dort am Entstehen der Verfassung mit. Er wollte eine parlamentarisch verankerte Monarchie schaffen. Die Pläne der Demokraten scheiterten. In Wismar erinnert die 1881 post mortem benannte Dahlmannstraße an den Historiker.
Dethloff Carl Hinstorff (1811–1882) wurde in Wismar groß. Der Verleger hatte ein gutes Gespür fürs Geschäft. Nach Volksschule, Privatunterricht und begonnener Krämerlehre lernte und arbeitete er fünf Jahre lang in der Wismarer Schmidt und von Cossel'schen Buchhandlung. Er merkte schnell, dass seine Vorgesetzten das Geschäft mit wenig Umsicht führten, und beschloss, sein Glück mit einer eigenen Buchhandlung in Parchim zu versuchen. Nicht mal 20 Jahre alt, scheiterte seine Gründeridee einzig am Erwerb des Bürgerrechts – damals Voraussetzung für das unternehmerische Handeln und erst ab dem 25. Lebensjahr möglich. Direkt, wie Hinstorff gewesen sein soll, wandte er sich an den Großherzog Friedrich Franz I. Die Keckheit kam an, der Großherzog stellte ihm eine Volljährigkeitserklärung aus. 1849 verkaufte er das Parchimer Geschäft und eröffnete den Hauptbetrieb in Wismar, just in dem Haus, in dem er als Lehrling vor allem gelernt hatte, wie es nicht funktioniert. Seine damaligen Arbeitgeber gab es nicht mehr. Im April 1857 schrieb ein gewisser Fritz Reuter einen Brief an Hinstorff: „Können wir denn nicht mal ein Geschäft miteinander machen?" Aus dieser Frage wurden 2 620 000 Bände Reuterschriften, die bis 1910 im Hinstorffschen Verlag erschienen. Reuters

Die Plakette am Reuterhaus zeigt den nicht nur regional berühmten bärtigen Schriftsteller Fritz Reuter.

Literatur kam zur richtigen Zeit – dies erkannte der Buchhändler mit sicherem Gespür fürs Geschäft. Reuter wird bis heute als einer der bedeutendsten norddeutschen Schriftsteller geschätzt. 1864 eröffnete Hinstorff eine Verlags-Filiale in Rostock und gründete das „Rostocker Tagesblatt". 1867 erschien die erste Wismarer Teilbeilage, 1877 entstand daraus das „Mecklenburger Tagesblatt". 1882 starb Dethloff Carl Hinstorff 72-jährig in seinem Haus (dem heutigen Reuterhaus) am Markt 19. Hier erinnert eine Gedenkplakette an ihn und Reuter.

Friedrich Ludwig Gottlob Frege (1848 – 1925) war der Begründer der modernen Logik. Geboren wurde Frege in der Wismarer Böttcherstraße 2, seine Eltern Carl Alexander und Auguste Frege leiteten eine private Mädchenschule. Die erste schulische Ausbildung genoss Frege bei seiner Mutter, 1869 legte er an der Großen Stadtschule die Reifeprüfung ab. Im selben Jahr noch begann er mit seinem Studium in Jena, wechselte nach Göttingen, hatte mit 25 Jahren den Doktortitel, wurde 1896 Professor für Mathematik. Bis zur Veröffentlichung von Freges „Begriffsschrift" 1879 war es nicht möglich, einen Gedankengang formal so eindeutig zu formulieren, dass dieser von anderen exakt nachvollzogen werden konnte. Frege entwickelte diese formale Logik. Damit sind eine formale Darstellung von Wissen und auch eine Wissensverarbeitung mit Hilfe des Computers möglich. Lange blieb der Wert von Freges Arbeit unverstanden und verkannt. Mittlerweile wird sein Name in einem Atemzug mit Aristoteles und Leibniz genannt, seine Werke sind in alle Weltsprachen übersetzt. Dort, wo bis zum Zweiten Weltkrieg noch sein Geburtshaus stand, ist am Ersatzbau mittlerweile eine Gedenktafel angebracht. Gestorben ist Friedrich Ludwig Gottlob Frege 1925 in Bad Kleinen. Sein Grab befindet sich jedoch auf dem Wismarer Ostfriedhof.

Sella Hasse (1878 – 1963) gehörte zu den bedeutendsten Künstlerinnen Deutschlands ihrer Zeit. 20 Jahre lang, von 1910 bis 1930, lebte und arbeitete Sella Hasse in Wismar, sie war ihrem Mann gefolgt, der eine Anstellung an der Ingenieurakademie hatte. In dieser Zeit entstanden Wismaransichten, geprägt von Leichtigkeit, in Kreide oder Kohle. Nach der Machtübernahme durch die Nationalsozialisten galt ihre Kunst als „entartet", 1937 wurden einige Bilder sogar beschlagnahmt. Zu Zeiten der DDR wurde sie geschätzt für ihre Bilder der arbeitenden Bevölkerung, aber auch für ihre sozialkritischen Darstellungen.

1930 zog Sella Hasse mit ihrer Mutter nach Berlin, blieb Wismar aber weiterhin verbunden, befinden sich doch die Grabstellen der

Grabmal der Künstlerin Sella Hasse auf dem Ostfriedhof

Mutter, des Mannes und der Tochter hier. Der Sorge um die Pflege des Familiengrabes ist es zu verdanken, dass der Grundstein für die umfangreichste Sammlung der Werke Sella Hasses gelegt wurde. 1954 bot die Künstlerin der Friedhofsverwaltung an, der Stadt Gemälde zu vermachen, wenn die Pflege und Erhaltung der Grabstelle Hasse sichergestellt würde. Heute befinden sich 78 Ölbilder, 250 Aquarelle, Pastelle und Collagen und neben mehr als 100 Skizzenbüchern auch ca. 1 000 grafische Arbeiten in der Sammlung des Stadtgeschichtlichen Museums. Ihre eigene Grabplastik auf dem Ostfriedhof wurde nach den Entwürfen der Künstlerin gefertigt und ist so ihr letztes Vermächtnis.

Blick von St. Georgen auf das Hafenensemble mit den alten Speichern und der modernen Industrie dahinter

Wismar heute

Mit zwei großen Zielen könnte man Wismars Politik der Nachwendezeit zusammenfassen. Erstens die Wirtschaft stärken und damit den Wirtschaftsstandort weiter ausbauen. Die Arbeitslosenquote liegt bei etwa zehn Prozent und ist damit meist höher als im Landesdurchschnitt. Aber: in Wismar haben sich in den vergangenen Jahrzehnten zahlreiche große Firmen angesiedelt. Größte Arbeitgeber sind die Schiffsbauwerft und die Holzindustrie. Wismar gelang es, eines der größten und modernsten Holzverarbeitungszentren Europas anzusiedeln und schrittweise auszubauen. Das Ergebnis ist eine vergleichsweise hohe Anzahl von Arbeitsplätzen im verarbeitenden Gewerbe, mit der Hafenerweiterung und der aktiven Ansiedlung weiterer Unternehmen wird diese Zahl weiter steigen. So gerät die Gewinnung von Fachkräften für die Industrie seit einigen Jahren mehr und mehr in den Fokus. Zweites Ziel ist die Sanierung der Altstadt und der Kirchen. Der Lohn für viel Engagement: Seit dem Jahr 2002 steht Wismars Altstadt zusammen mit der von Stralsund auf der UNESCO-Welterbe-Liste. Beide Städte gründeten zusammen die Deutsche Stiftung Welterbe, die u.a. Projekte in Rumänien und der Ukraine fördert.

Die Wismarer Bürgerschaft – in Anlehnung an die hansische Tradition heißt es Bürgerschaft, nicht Stadtverordnetenversammlung –

Trockenbaudock der Wismarer Werft

setzt sich in erster Linie zusammen aus SPD, CDU und Linke/PDS. 1990 trat Dr. Rosemarie Wilcken (SPD) als erste Bürgermeisterin Wismars ihr Amt an und blieb dort zehn Jahre lang. 1999 bekam die engagierte „Powerfrau" (Hamburger Abendblatt) für ihre Arbeit das Bundesverdienstkreuz am Bande.

Wismar machte in den vergangenen Jahren noch mehr von sich reden. 2002 lud die Stadt zur Landesgartenschau und bewies, wie sich ein ehemaliger Truppenübungsplatz der Sowjetarmee zum Park wandeln kann, 2004 lief die „Poeler Kogge" nach vier Jahren Bau-

Jedes Jahr im Juli und August locken die Wismarer Festspiele mit ihren Aufführungen tausende Gäste in die St.-Georgen-Kirche.

zeit vom Stapel. 2006 gelang der spektakuläre Eintrag in das „Guiness-Buch der Rekorde" mit dem längsten Kutschenkorso der Welt – im selben Jahr feierte die Stadt ihren 777. Geburtstag. 2011 kam mit der Kreisgebietsreform eine große politische Veränderung. Das ehemals freie Wismar wurde zur Kreisstadt. 2014 eröffnete das Welt-Erbe-Haus, erstmals fanden der St.-Georgen-Kirche die Wismarer Festspiele mit gefeierten Jedermann-Vorführungen statt. Jeweils im Juli und August locken die Vorführungen – zuletzt Faust und Jedermann – in die beeindruckende Kulisse.

Städte-Partnerschaften

Partnerschaften unterhält Wismar mit Lübeck in Schleswig-Holstein, Aalborg (Dänemark), Kemi (Finnland), Calais (Frankreich) und seit 2002 mit Kalmar (Schweden). Darüber hinaus bestehen zu Halden in Norwegen besondere freundschaftliche Beziehungen.

VON WISMAR IN DIE WELT Seit mehr als 800 Jahren ist Wismar ein vielseitiger Umschlagplatz für Seegüter. Im Mittelalter brachten die Koggen das Wismarer Bier in den (damals bekannten) Rest der Welt, heute werden Baustoffe, Steine, Agrarprodukte, Salze und Dünger, Holz- und Forstprodukte, Metalle, Maschinen und Anlagen sowie Schrott beispielsweise umgeschlagen. Als südlichster deutscher Ostseehafen verfügt der Seehafen Wismar über eine ideale Lage für die Güterströme im baltischen Raum und in ganz Europa und hat sich zum zweitgrößten Mecklenburg-Vorpommerns entwickelt. Die regionalen Unternehmen profitieren vom Seehafen, der Seehafen von den Unternehmen. Für die kommenden Jahre wird so von einer Umschlagssteigerung von derzeit 3,7 Millionen Tonnen auf sechs Millionen Tonnen im Jahr 2030 ausgegangen, der Hafen als „Herz und Motor" der Hansestadt wird weiter ausgebaut und vergrößert. Vergleichsweise neu in der Hafengeschichte ist das Kreuzfahrergeschäft am Wismarer Hafenstandort. Premiere war im September 2012 mit dem Anlauf der MS SAGA RUBY – mit 500 Passagieren. 2017 werden etwa 10 000 Gäste auf elf Schiffen erwartet. Die Hoffnung der Stadt wären 20 bis 30 Anläufe im Jahr.

Links das Kreuzfahrtschiff MS DEUTSCHLAND, rechts die Krananlagen des Seehafens.

WERFTSTADT WISMAR Das Ministerium der Handelsmarine der UdSSR gab im April 1946 den Befehl, in Wismar eine Schiffsreparaturwerft zu gründen. Im Dezember 1946 arbeiteten bereits fast 700 Menschen in der jungen Werft, wenn auch die Voraussetzungen für die Arbeit so kurz nach dem Krieg fehlten. So gab es weder Kräne noch Kai- und Versorgungsanlagen, die Arbeiter brachten sich ihr eigenes Werkzeug mit. Die traditionsreiche Wismarer Waggonfabrik wurde in die Werft integriert. Ab 1949 wurden die zentralen Werftanlagen im Westhafen gebaut. 1953 lief der erste Neubau vom Stapel - ein sowjetisches Flussfahrgastschiff.

1951 bekam der Schiffbaubetrieb den Namen VEB Mathias-Thesen-Werft Wismar. Mit bis zu 6 000 Arbeitskräften wurden zahlreiche Hochseeschiffe für die Handelsflotten der DDR und anderer Länder des sozialistischen Wirtschaftsbundes RGW, aber auch für den internationalen Markt gefertigt. Als Kuriosum auf einer Werft dieser Größe wurden im Rahmen der Konsumgüterproduktion auch Faltboote - Kajaks, Segel-, Motor- und Ruderboote - hergestellt.

Bei einer Hafenrundfahrt bietet sich mit etwas Glück ein Blick in die imposante Halle der Werft.

1990 wurde aus dem Betrieb die Mathias-Thesen-Werft Wismar GmbH. Mit der Übernahme durch die Bremer Vulkan Verbund AG 1992 änderte sich der Name - das als Marke gut eingeführte Kürzel MTW steht seither nicht mehr für den 1944 im KZ Sachsenhausen ermordeten Kommunisten Mathias Thesen, sondern für Meerestechnik Wismar. 1998 übernahm der norwegische Konzern Aker RGI die Werft. 2008 verkaufte Aker Yards die Mehrheit der Geschäftsanteile an einen russischen Finanzinvestor.

Im März 2016 erwarb das malaysisch-chinesische Schifffahrtunternehmen Genting Hong Kong die Nordic Yards, die heutige MV Werft Wismar ist immer noch Wismars größter Arbeitgeber mit zirka 700 Mitarbeitern. Vor der Krise im Schiffbau waren es 1300. Nach dem Bau von Kreuzfahrtschiffen – die älteren Schiffe der AIDA-Flotte entstanden hier – konzentrierte sich die Werft erst auf Eis brechende Frachter beispielsweise, nun wieder auf den Bau von Kreuzfahrtschiffen.

WIEGE DES KARSTADT-KONZERNS Die wohl beeindruckendste Erfolgsgeschichte eines deutschen Einzelhändlers begann im kleinen Wismar. Am 14. Mai 1881 eröffnete Rudolph Karstadt sein erstes Ladenlokal: das „Tuch-, Manufactur- und Confectionsgeschäft Karstadt" in der Straße der Händler, der Krämerstraße. Sein Schlüssel zum Erfolg war der Verkauf zu niedrigen Preisen, aber nur gegen Bargeld. Bis dahin war es üblich, auf Kredit einzukaufen. Im Zweifelsfalle auch auf Kredit der ganzen Verwandtschaft. Preise wurden individuell festgelegt – ein armer Käufer zahlte weniger als ein wohlhabender, ein guter Freund des Verkäufers noch weniger. Dass diese Praxis alles andere als geschäftstüchtig war, wusste nicht nur der 1856 in Grevesmühlen geborene Rudolph Karstadt.

Eine kleine Ausstellung im Kaufhaus zeigt die Gründungsgeschichte des Konzerns und einige Artefakte aus der Zeit Rudolph Karstadts. Sie kann während der Geschäftszeiten in Rücksprache mit dem Personal besichtigt werden.

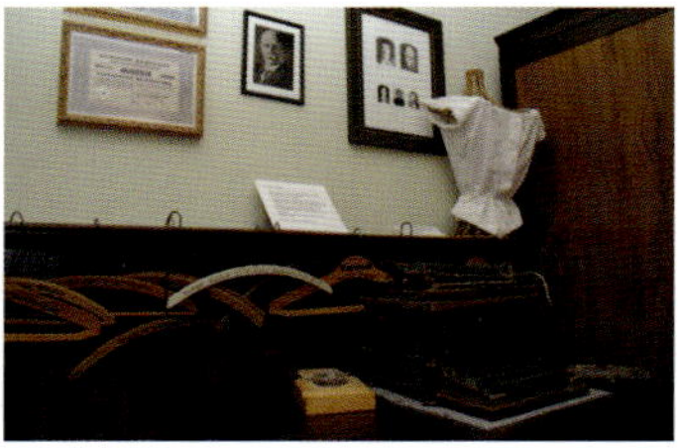

Die Wismarer Kaufleute belächelten anfangs den gerade mal 25-jährigen Konkurrenten und seine ungewöhnliche Unternehmensphilosophie. Doch bereits 1884 eröffnete Karstadt seine zweite Filiale in Lübeck, der weitere Geschäfte folgten. Einen Höhepunkt bildete das 1912 an der Mönckebergstraße in Hamburg eröffnete erste Großstadt-Warenhaus Deutschlands mit einer Verkaufsfläche von rund 10 000 m². Aus anfangs einer Angestellten im Wismarer Stammhaus wurden nach Angaben des Unternehmens bis heute 32 000 in 90 Warenhäusern. Das Wismarer ist mittlerweile das kleinste. Als Neubau an der Ecke Lübsche/Krämerstraße öffnete es im Mai 1908 erstmals seine Türen – moderne Sachlichkeit in Gestalt des ersten Stahlskelettbaus von Mecklenburg. Während der Wirtschaftskrise verlor Rudolph Karstadt fast sein gesamtes Privatvermögen, 1932 zog er sich aus dem Geschäftsleben zurück und setzte sich in Schwerin zu Ruhe.

HOLZCLUSTER Um die 40 000 Stämme Holz können tagtäglich im Wismarer Holzcluster verarbeitet werden. Aus ihnen entsteht Schnittholz oder edles Furnier, selbst das Sägemehl wird zu Heizpellets verarbeitet. Im und um das Cluster - der englische Fachbegriff bezeichnet einen Verband von mehreren Betrieben - haben sich zwischen 1999 und 2006 fünf große Firmen angesiedelt.

Auf dem Gelände des ehemaligen Truppenübungsplatzes der Roten Armee ist Wismar zu einem europäischen Spitzenstandort der Holzindustrie gewachsen - auf 130 Hektar. 1998 eröffnete die Tiroler Firma Klausner Nordic Timber (KNT) auf der damals noch grünen Uferwiese ihr Säge- und Hobelwerk. Heute ist es Deutschlands größtes Sägewerk mit einer Einschnittskapazität von mehr als 2,2 Millionen Festmetern Holz pro Jahr.

Ein Teil des Holzclusters im Hafen Wismars

Eine Pipeline mit Restholz führt über die Straße zur Nachbarfirma EGGER. Ein Jahr nach KNT hat sich das Unternehmen aus Österreich in Wismar mit seinem „Europawerk" angesiedelt, stellt nun Laminate, OSB- und MDF-Platten her.

Den beiden großen Firmen folgten weitere ins Gewerbegebiet Haffeld: Hüttemann produziert Brettschichtholz-Elemente, German Pellets macht aus den Resten des Säge- und Hobelwerks Heizstoffe. Das Ergebnis: Wismar ist die Stadt mit der höchsten Industriedichte in Ostdeutschland. Die volkswirtschaftliche Kennzahl stellt das Verhältnis der Arbeitsplätze im verarbeitenden Gewerbe zur Bevölkerung eines Gebiets dar. 2007 waren gut 90 von tausend Einwohnern in Wismar in der Industrie beschäftigt, ein Drittel mehr als im gesamten Bundesdurchschnitt.

HOCHSCHULE MIT TRADITION Robert Schmidt (1850–1928) brachte das Wissen in die „pädagogische Provinz" (Originalton Schmidt) und gründete eine Ingenieurakademie in Wismar. „Wahre Bildung, welche wir durch das technische Studium vermitteln wollen, ist Einsicht in den wirklichen Zusammenhang der Dinge ..." Was sich anhört wie ein zeitgemäßer Leitsatz moderner Schule – fachübergreifendes Lernen durch echtes Begreifen im doppelten Wortsinne – hat Robert Schmidt 1906 unter der Überschrift „Reform und neue Ziele des höheren technischen Unterrichtswesens" formuliert. Der Architekt Schmidt übte offen Kritik an der preußischen Methodik der Ausbildung. An den Hochschulen war die Ausbildung nach seiner Meinung zu wenig praxisorientiert, an den Fachschulen mit Rücksicht auf die geringere Vorbildung der dortigen Schüler zu wenig wissenschaftlich fundiert. Schmidt wollte etwas dazwischen, wollte eine praxisgerechte Ausbildung, die fächerübergreifend eine „Techniker-Elite" für die „harten wirtschaftlichen Wettstreite der Völker" ausbildet.
1899 hatte er sich erstmals an Wismars Stadtvertreter mit der Bitte gewandt, eine polytechnische Akademie gründen zu dürfen. Obwohl die Stadt als Industriezentrum händeringend technisches Fachper-

In der Neustadt, die von der Lübschen Straße in Richtung Hafen verläuft, stand die Wiege der Ingenieur-Akademie.

Stolpersteine

Steine zum gedanklichen Stolpern, Innehalten, Nachdenken. Sie erinnern an Menschen, die während des Nationalsozialismus ausgegrenzt, verfolgt oder getötet wurden, z. B. Leopold Liebenthal.
Dr. Leopold Liebenthal (1868–1938), Altwismarstraße 10, war ein sehr beliebter jüdischer Arzt in Wismar. Nach der Machtübernahme Hitlers war es ihm verboten, weiterhin zu praktizieren. 1938 starb er.

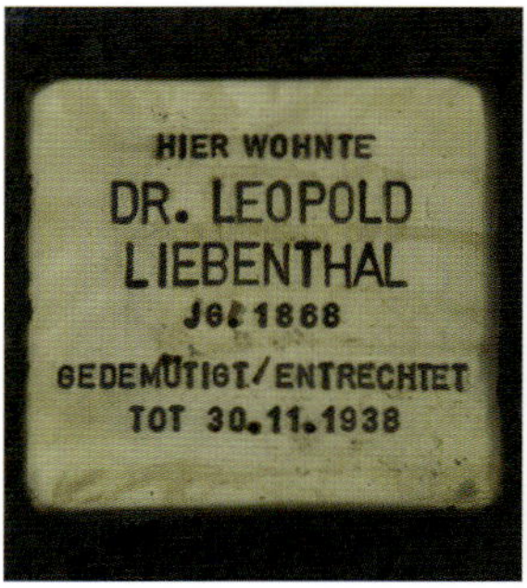

Wie auch andere deutsche Städte hat sich Wismar mit der Verlegung von Stolpersteinen an einem Projekt des Künstlers Gunter Demnig zur Erinnerung an Opfer des Nationalsozialismus beteiligt.

sonal benötigte, führte die fehlende „Zucht und Ordnung", die man in solch einer polytechnischen Einrichtung vermutete, zur Ablehnung durch den vermutlich preußisch orientierten Gutachter. Wertvolle Zeit verging – erst nachdem die Stadt sich die benötigten Fachleute von außerhalb holen musste, kam das Umdenken und die Bewilligung des Schmidtschen Antrags. Damals konnte Wismar eigene Wege in Sachen Bildung gehen. Die Entscheidung zugunsten der Akademie traf der Rat mit Hilfe des Bürgerausschusses, aber unabhängig von der Regierung und dem ständischen Landtag in Schwerin. 13 Studenten aus den Abteilungen Maschinenbau und Bauingenieurwesen nahmen zum Wintersemester 1908/09 ihr Studium auf. Dessen Bestandteile waren u. a. Volkswirtschaftslehre, Sozialpolitik, Arbeitshygiene, Unfallschutz und Fremdsprachen. Die Dozenten waren – für damalige Verhältnisse ein Novum – auch in der Praxis erfahren.

Aus den 13 ersten Studenten sind über 8000 geworden. Die Studiengänge werden heutzutage immer wieder als gut und sogar sehr gut in den national vergleichenden Ranglisten geführt.

HOTEL
NEW ORLEANS

Am Alten Hafen lässt sich gemütlich flanieren und entspannen.

RUNDGANG 1

ZENTRUM Die Grundschüler in Wismar erhalten seit Jahrzehnten eine Aufgabe im Matheunterricht: mit großen Schritten zählend um den Marktplatz zu gehen. Theoretisch kommen sie auf 100 mal 100 Meter, praktisch sind die Beine meist kürzer. Mit seinem ganzen Hektar Größe ist der Wismarer Marktplatz einer der größten Norddeutschlands. In den jungen Jahren der Stadtgeschichte war der Markt sogar wesentlich größer. Teile der Randbebauung fehlten noch – er maß nach historischen Quellen 165 mal 150 Meter und reichte bis zur Marienkirche. Der Markt wurde, wie die Altstadt auch, mit Bedacht geplant. Hier fanden im Mittelalter sogar Ritterturniere statt. Das jetzige Bild des Platzes wird bestimmt durch die säumenden Restaurants, Cafés und Hotels und das damit verbundene Leben.
Gilt auch die historische Pflasterung als Feind jedes eleganteren Schuhabsatzes, so ist der Markt mit seinen Fassaden eine architektonische Perle – ein schöner Giebel nach dem anderen, dazu das Rathaus und die Wasserkunst. Der Blick auf die Häuser ist gleichzeitig eine Reise durch die wechselnden Geschmäcker der Generationen – sie stammen aus dem 14. bis 19. Jahrhundert.
Blickfang ist das klassizistische Rathaus, dessen Antlitz 2008 im Rahmen einer Schwammsanierung erneuert worden ist. Der Schweriner Hofbaumeister Johann Georg Barca (1781 – 1826) erbaute das leuchtend weiße Gebäude. Das Rathaus ist das dritte der Stadtgeschichte – das erste, ein 1292 errichteter Steinbau, war 1350 abgebrannt. Das zweite wurde im spätgotischen Stil erbaut, 1807 brach es, nach gut 450 Jahren, teilweise in sich zusammen. Erst 1817 wurde mit einem Neubau begonnen, wobei Teile des Vorgängerbaues – Kellerräume mit Kreuzrippengewölben und die Gerichtslaube im westlichen Teil des Rathauses – einbezogen wurden. In diesem historisch wertvollen Rathauskeller – Eingang rechte Rathausseite – findet sich eine Dauerausstellung zur Stadtgeschichte und als besonderer Hingucker eine Wandmalerei aus dem Mittelalter, die möglicherweise ein fröhliches Trinkgelage auf einer Kogge zum Thema hat. Ganz sicher sind sich die Forscher in der Interpretation nicht. Auch der westliche Flügel, die sogenannte Gerichtslaube, in der wechselnde Ausstellungen gezeigt werden, entstammt dem späten Mittelalter. Über dem Eingang des Rathauses steht ein Spruch von 1688 –

Im Inneren des Rathauses sind gotische Überreste eines Vorgängerbaus zu sehen.

Überlebensgroße Holzfiguren erinnern im Rathauskeller an den schwedischen General Helmut von Wrangel (um 1600 - 1647) und seine Frau.

„ROBUR PRINCIPIS EST FIDES CIVIUM" - übersetzt „Die Treue der Bürger ist die Stärke des Fürsten".

Am Haus des Steigenberger Hotels Stadt Hamburg erinnert ein Schild an eine alte Straße. Die „Tittentasterstraße" soll ihren Namen ihrer Enge verdanken. Der kleine Durchgang soll so schmal gewesen sein, dass die Menschen nur mit Hautkontakt aneinander vorbei kamen. Die Gästeführer erzählen noch eine weitere Geschichte: Ammen sollen dort ihre Dienste angeboten haben.

Den Blick vorbei am Rathaus im Uhrzeigersinn schweifen lassend, vorbei an der verspielten grünen Jugendstilbemalung des Restaurants „Seestern", fällt ein Haus besonders auf. Ein typisch gotischer Treppengiebel mit Windfenstern. Die fensterartigen Löcher dieses

Giebels und die starken Streben – reich verziert mit glasierten Backsteinen – dienen dazu, dem starken Herbstwind zu trotzen. Das Haus wurde um 1380 erbaut und ist eines der ältesten in Wismar erhaltenen Bürgerhäuser. 1878 erhielt das dort untergebrachte Restaurant den Namen „Alter Schwede" – nicht etwa in Erinnerung an die Höhen und Tiefen der Wismarer Schwedenzeit, sondern zum Gedenken an einen Seemann aus Schweden, der mit seinem Boot auf der Ostsee blieb. Direkt daneben steht das „Reuterhaus", in dem der niederdeutsche Erfolgsautor Fritz Reuter und sein Verleger Dethloff Carl Hinstorff manches Glas und mehr noch ihre gemeinsamen Geschäfte genossen haben werden. Allerdings nicht in dem Gebäude, das heute zu sehen ist. Das Original wurde 1988 wegen Baufälligkeit abgetragen und der historischen Vorlage entsprechend neu aufgebaut. Eine bronzene Relieftafel von Rainer Kessel zeigt Schriftsteller und Verleger – Reuter rechts mit Vollbart, Brille und Weinkelch (vgl. S. 27).

Spätestens jetzt fällt der Blick auf den grazilen Pavillon in der südöstlichen Ecke des Marktplatzes. Geschwungenes, glockenartiges Kupferdach mit Laterne auf einem zwölfseitigen Bau mit schlanken Hermenpfeilern – die Wasserkunst ist Wahrzeichen Wismars und ein Kleinod der Renaissance. Auffallend sind die beiden Bronzefiguren – die Wasserspeier Nix und Nixe als nackte Seefabelwesen. Die Eisengitter zwischen den Pfeilern gestatten rein theoretisch den Blick

Ein begehrtes Fotomotiv ist dieses Straßenschild am Markt.

Über dem Eingang zum „Alten Schweden" grüßt ein sogenannter Schwedenkopf die Besucher.

Rund um den Markt lockt eine Vielzahl von Cafés und Restaurants.

Die Wasserkunst ist ein markantes Wahrzeichen und steht zu besonderen Gelegenheiten Besuchern offen.

Das frisch sanierte Stadthaus am Marktplatz

Jugendstilfassade neben dem „Alten Schweden"

ins Innere der Wasserkunst. Das Betreten der Grünanlagen ist aber nicht erwünscht. Eine Hinweistafel neben Nix und Nixe zeigt das Innenleben des Wasserspeichers. Die Inschriften ober- und unterhalb der Eisengitter berichten über die Wasserversorgung der Stadt in vergangenen Zeiten. Im 16. Jahrhundert musste die Wasserversorgung erneuert werden, da durch das Bierbrauen größere Mengen des kostbaren Nasses benötigt wurden. Bis dahin kam Wasser entweder aus privaten Brunnen oder vom „Wasserfahrer" aus der nicht immer „Frischen Grube".

Bereits 1563 wurde der Entschluss zum Bau einer Wasserkunst gefasst – eines Speichers, der aus Quellen gespeist werden und über Rohrleitungen die umliegende Stadt versorgen sollte. 1571 lief das Wasser erstmals in einen hölzernen Brunnenbau auf dem Markt, das Wasser kam aus dem nahe und höher gelegenen Metelsdorf. Schon bald genügte dieser den Anforderungen nicht mehr. Nun bekam der Niederländer Philip Brandin den Auftrag, einen „stenern Kasten" als elegante Verteilstelle zu bauen. 1580 begann der Steinmetz mit dem Bau, konnte aber die Vollendung nicht mehr erleben, die sich aufgrund von Streitereien zwischen Rat und Bürgerschaft lange verzögerte. Ein Kuriosum: Erst 22 Jahre nach Baubeginn, Brandin war zu diesem Zeitpunkt bereits acht Jahre tot, bewilligte die Bürgerschaft die zur Vollendung der Wasserkunst erforderlichen finanziellen Mittel.
Die Südseite des Marktes wird auch „Thormannsche Leiste" genannt – nach dem Baumeister Heinrich Thormann (1816 – 1890), der das Aussehen ihrer Fassaden prägte. Wie Zwillinge sehen die Doppelgiebel des Hauses Am Markt 15 mit ihren Schmuckelementen im Stil der niederländischen Renaissance aus. Das Haus ist älter, als es wirkt und

Wismars Marktplatz ist mit 100 x 100 Metern Fläche einer der größten in Norddeutschland.

beherbergte während des Dreißigjährigen Krieges den schwedischen Kommandanten (das entsprechende Hinweisschild hängt fälschlicherweise an einem anderen Haus).

Im Gebäude mit der Uhr im Giebel befindet sich die städtische Tourist-Information, unmittelbar daneben informiert ein interaktiver Stadtplan über verfügbare Gästezimmer. Die Kanonen vor dem Gebäude erinnern an die Schwedenzeit und sind Leihgaben der ehemaligen Herrscher. 1858 entstand das imposante Gebäude im historischen Stil der englischen Tudorgotik. Links neben dem Rathaus fällt die alte „Ratsapotheke" ins Auge. Seit 1336 gibt es eine Apotheke am Markt. Das heute sichtbare Einzeldenkmal erhielt 1902 sein neogotisches Aussehen, der Kern datiert aus dem 15. Jahrhundert. Das Eckgebäude hat vier zinnenbekrönte Stufengiebel mit reichen Verzierungen, zu denen auch eine Sonnenuhr zählt.

Den Durchgang neben der Apotheke passierend, fällt der Blick links auf eines der drolligsten Gebäude der Altstadt. Wegen seines dreieckigen Grundrisses wird das kleine Fachwerkhaus aus dem 15. Jahrhundert im Volksmund „Plätteisen" genannt. Das Karstadt-Waren-

Der Platz vor dem Stammhaus von Karstadt ist nach dem Firmengründer benannt.

haus gleich gegenüber ist nicht nur, weil es die kleinste Filiale des Konzerns ist, erwähnenswert. 1907/08 wurde es in der damals hochmodernen Stahlskelettbauweise errichtet, zeitgemäß mit Mansardendach und Jugendstil-Fassade. Nicht nur Betriebswirte wird interessieren, dass dies das Stammhaus der KarstadtQuelle AG (heute Arcandor) ist (vgl. S. 36).

Hanseatische Gemütlichkeit

Hinter dem Rathaus findet sich das barocke Einzeldenkmal „Zum Weinberg". Das Holz im Dachwerk des Hauses wurde auf die Mitte des 14. Jahrhunderts datiert, bei einem Umbau von 1710 entstand der heutige Giebel mit dem goldglänzenden Weingott „Bacchus" überm Eingang. Die wunderbar erhaltene Renaissancediele mit einer bemalten Holzbalkendecke aus der Mitte des 17. Jahrhunderts gibt einen Eindruck, wie die Diele eines hanseatischen Bürgerhauses aussah. Das Haus ist seit 1966 ein Restaurant.

Sella Hasse blickte an dieser Stelle 1929 noch auf das Kirchenschiff von St. Marien.

Zurück über den Markt, an der Tourist-Information vorbei, führt der Weg rechts einbiegend durch die Sargmacherstraße zum Turm der Marienkirche. Ein Blick nach links in die Dankwartstraße lohnt: Gerade einmal 4,80 Meter breit ist das Giebelhaus mit der Nummer 8. Um 1430 wurde das Backsteinhaus gebaut, der Giebel um 1700 zeitgemäß umgestaltet – somit treffen gotischer Pfeiler- und barocker Volutengiebel aufeinander. Die Eigentümer des Gebäudes zeigen ihren Humor und Namen an der Eingangstür – diese schmückt ein Ziegenkopf.

Die Sargmacherstraße existiert seit dem 14. Jahrhundert; Sargmacher gibt es dort längst nicht mehr. Von hier aus eröffnet sich ein imposanter Blick, über den 1929 die Künstlerin Sella Hasse voller Bewunderung schrieb:

„Nähert man sich am Abend von der Sargmacherstraße kommend St. Marien, so wird jedes Menschen Blick unwillkürlich hinauf gerissen zu den wie schützende Arme aufgestemmten Schwebebogen, die den kleinen Turm aufrechterhalten. Dahinter verschmilzt in der Silhouette der Dachreiter und endlich der Wipfel des Marienturmes mit seinem Halbrunddach des Glockenstuhles."

Schwebebogen und Dachreiter sind nicht mehr zu sehen, nur noch der Kirchturm zeugt von der einstigen Größe der Backsteinkirche.

Dafür gibt es heutzutage die Möglichkeit, in der Sargmacherstraße einen ganz frisch gerösteten und gebrühten Kaffee zu trinken. Die Kaffeerösterei lädt zum Verweilen ein.

RUNDGANG 2

DAS GOTISCHE VIERTEL Ehrfurcht gebietend erhebt sich der Marienkirchturm in den Wismarer Himmel. Seit einigen Jahren wird dieser Teil Wismars als „Gotisches Viertel" bezeichnet. Der Name ergibt sich aus der historischen Bebauung. Trotz Zerstörungen im Zweiten Weltkrieg sind hier die gotischen Kirch- und Profanbauten immer noch dicht gedrängt. Die Wismarer Backsteingotik in Zahlen: 28x13x 9 - so groß in Zentimeter ist ein klosterformatiger Baustein.

Bereits um das Jahr 1250 wird das Kirchspiel St. Marien urkundlich erwähnt - der untere Teil des Turms wurde zwischen 1260 und 1270 erbaut. Die Obergeschosse kamen später hinzu - bis zur Mitte des 15. Jahrhunderts wurde die Kirche fertiggestellt. Was muss dies für ein Anblick im Mittelalter gewesen sein! Ein dreischiffiges Langhaus mit einem auf fast 33 Meter erhöhten Mittelschiff, ein aus einem Achteck konstruierter Chor, die Seitenschiffe wurden etwa halb so hoch wie das Mittelschiff errichtet. An die Seitenschiffe angesetzte Hallen ließen im Grundriss eine Kreuzkirche entstehen.

In der Nacht vom 14. zum 15. April 1945 trafen Bomben die Kirche und richteten große Schäden an. 15 Jahre lang stand die Ruine, 1960 wurden die Mauern gesprengt und wichen einem Parkplatz. Die Gründe für die Sprengung waren vielschichtig. Ob von der Kirchenruine Gefahr ausging, ist nicht eindeutig belegt. Der Rat der Stadt als politischer Entscheidungsträger der Sprengung hatte zwar ein Gutachten in Auftrag gegeben, gleichzeitig aber das Ergebnis vorbestimmt. Für einen Wiederaufbau oder eine grundlegende Sicherung fehlten Material, Geld und Fachkräfte angesichts des knappen Wohnraumes nach dem Krieg. Ob die Kirche dem Teilabriss zustimmte, ist nicht eindeutig geklärt. Sie nahm ihn billigend in Kauf. Mehrere große Kirchgebäude Wismars warteten auf Sicherung und Wiederaufbau, sodass der Marienkirchruine keine Priorität beigemessen wurde. Die Entscheidung, den historischen Kirchbau abzureißen, ist nicht auf-

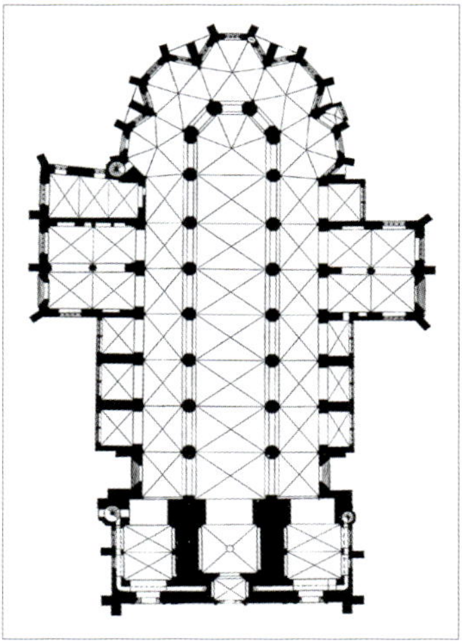

Grundriss von St. Marien

*Am Fuß des erhaltenen Turms
st die enorme Ausdehnung
der einstigen Ratskirche St. Marien
durch Aufmauerungen erahnbar.*

grund einer „kirchenfeindlichen" Haltung gefallen, sondern aufgrund der gesellschaftlichen und staatlichen Prämisse der Zeit, neu zu bauen, statt Altes zu bewahren.

Archäologen legen seit einigen Jahren die Grundmauern von St. Marien frei, sie werden konserviert und seit 2001 ansatzweise wieder aufgemauert. Nicht um die Kirche wieder aufzubauen, sondern um die historische Bebauung zu zeigen, auch als Mahnmal gegen Krieg und Intoleranz.

Mit 81 Metern ist der Turm von St. Marien weithin sichtbar - selbst in Zeiten von GPS und elektronischen Seekarten können Seereisende den Wismarer Hafen mit seiner Hilfe ansteuern. Der Turm ist begehbar und offenbart nach mehr als 380 Stufen seinen großen Schatz - den Glockenstuhl mit zwölf Glocken. Dazu gibt es einen wunderschönen Ausblick auf die Altstadt. Um 12, 17 und 19 Uhr erklingen die Glocken und spielen Choräle aus dem Kirchenjahr.

St. Marien vor 1945

Von außen verdient der Kirchturm mehr als nur einen genaueren Blick. An den Ecken des im Grundriss 16 mal 16,2 Meter großen Turms sind Kalksandsteinblöcke dekorativ eingefügt. Die drei oberen Stockwerke sind durch zweiteilige Spitzbogenfenster gegliedert, die Geschosse durch Gesimse mit Kleeblattbogenfriesen voneinander getrennt. Die vier Giebeldreiecke der beiden sich durchdringenden Satteldächer sind reich verziert mit geometrischen Mustern und Rosetten. Darauf auf jeder Seite in 75 Metern Höhe die Turmuhr. Der Minutenzeiger ist 3,30 Meter, der Stundenzeiger 2,40 Meter lang.

Ausstellung St. Marien:
Im Sommer täglich von 10 - 18 Uhr. Öffnungszeiten im Winterhalbjahr (November bis zum letzten Wochenende vor Ostern): täglich 11 - 16 Uhr

Von der prunkvollen Ausstattung der Kirche ist einiges in St. Nikolai erhalten. Die Ausstellung „Wege zur Backsteingotik" im Unterge-

schoss des St. Marien-Kirchturmes zeigt einen 3D-Animationsfilm mit der Figur „Bruno Backstein" beim Kirchenbau. Ein mächtiges Tretrad im Außengelände mit einem Durchmesser von 5,50 Metern verdeutlicht, wie im Mittelalter Steine auf Kirchturmhöhe gebracht wurden – vier Umdrehungen des übergroßen Hamsterrades heben eine Tonne Steine einen Meter hoch. Auch ansonsten ist rund um den Kirchturm einiges zum Betrachten und Ausprobieren vorhanden.
Das Archidiakonat am Ausgang der Sargmacherstraße ist eines der schönsten mittelalterlichen Häuser Wismars. Es stammt aus der Mitte des 15. Jahrhunderts, wurde 1885 saniert, leider ohne den hinteren Giebel. Der Staffelgiebel an der Nordseite des Hauses ist durch den Wechsel von glasierten und unglasierten, einfachen und Formsteinen, mit Zinnen sowie Windlöchern in der Fassade sehr abwechslungsreich. Ungewöhnlich ist die aufwändig geschmückte Traufseite des Hauses Richtung St. Marien mit Maßwerkrosetten als typischem Gestaltungselement der Gotik, den Zinnen und den elegant geschwungenen Stichbogenöffnungen. 1945 wurde das Haus in der Bombennacht, die auch St. Marien traf, stark beschädigt. Es wurde in Teilen abgerissen, ab 1961 wurde es wieder aufgebaut und restauriert.
Einige Schritte weiter Richtung Neue Kirche fällt ein gotisch anmutender kubischer Bau auf, insbesondere durch seine frisch restaurierte Fassadeninschrift. Die „Wasch-, Dämpf- und Plättanstalt" wurde Ende des 19. Jahrhunderts als Wäscherei mit großem Industrieanbau und Schornstein gebaut.
Die Bomben von 1945 hinterließen dort, wo nun die Neue Kirche steht, Schutt und Asche mit der Ruine der Pfarre von St. Marien, einem der historisch wertvollsten Gebäudeensembles des Gotischen

Archidiakonat

Die Neue Kirche gegenüber von St. Marien lohnt einen Blick ins Innere.

Viertels. 1950/51 wurde eine sogenannte Notkirche nach den Plänen des Architekten Otto Bartning gebaut. Die Kirche – sie war nur als Provisorium gedacht und wirkt von außen recht unscheinbar – entpuppt sich von innen als kleiner architektonischer Schatz. Wie ein großes Zelt erscheint das Kircheninnere mit einer sichtbaren Brettbinderkonstruktion und umlaufendem Fensterband. Der Passionsaltar wurde 1945 aus der brennenden St.-Georgen-Kirche gerettet.
Die Grundmauern gegenüber der Neuen Kirche sind der Rest der Alten Schule aus dem 15. Jahrhundert, die ebenfalls 1945 völlig zerstört wurde. Sie wurden in den vergangenen Jahren wieder freigelegt, untersucht und aufgemauert (Abb. auf S. 24).
Das weiße Haus mit den vergitterten Fenstern ist die Wismarer Jugendarrestanstalt. Das Gebäude im Herzen der Altstadt wurde 1890 als Armenhaus erbaut und wird seit 1935 als Gefängnis genutzt. Zu Zeiten der DDR kamen die Menschen dort in Untersuchungshaft. Seit 1992 ist es die einzige Jugendarrestanstalt Mecklenburg-Vorpommerns. Bis zu 16 Jugendliche – männlich und weiblich – können in Einzel- oder Gemeinschaftsräumen untergebracht werden. Durchschnittlich zehn Jugendliche werden jede Woche neu aufgenommen, statistisch gesehen ist nur einer davon weiblich. Zwischen 400 und 500 Häftlinge kommen so jedes Jahr nach Wismar. Ihr Durchschnittsalter beträgt 16 bis 17 Jahre.
Auf dem Weg nach St. Georgen wartet linker Hand Italien, zumindest in architektonischer Hinsicht. Der Fürstenhof besteht aus zwei Gebäudekomplexen, die sich vom Äußeren und auch durch ihr Alter sehr unterscheiden. Vorbild für den „Neuen Hof" war der Palazzo

Roverella in Ferrara. 1553 bis 1555 wurde der „Neue Hof" im Stil der italienischen Renaissance erbaut. Das Haus mit seinen sieben Fensterachsen und der mittigen Tordurchfahrt gliedert sich durch Gesimse und Friese. Die Fassade lebt durch den Gegensatz der glatten Putzoberflächen und der aufwändig gestalteten Fensterumrandungen mit den Hermenpilastern, ornamentierten Pfosten und krönenden Dreiecksgiebeln. Die Pilaster sind die Erotica der Zeit – Pfeiler mit unverhüllt weiblichen Attributen. Herzog Johann Albrecht I. ließ das Haus für seine bevorstehende Hochzeit bauen.

Der Kalksteinfries auf der Vorderseite des Hauses zeigt den Trojanischen Krieg in all seiner Brutalität. Über der straßenseitigen Tordurchfahrt halten zwei steinerne Greifen das Wappen des Herzogs. Darunter tragen zwei männliche und zwei weibliche Satyrn den Torbogen und zeigen, dass hier – zumindest zu Herzogszeiten – ordentlich gefeiert wurde. Die Satyrn waren als Fabelwesen dafür bekannt, lüstern und trunksüchtig zu sein. Einen Grund zum Feiern gibt es im Fürstenhof der Jetztzeit nur selten – das Haus dient dem Wismarer Amtsgericht.

Der Torbogen führt in den Hof des altehrwürdigen Gebäudes, ein Blick nach oben zeigt das Sterngewölbe der Durchfahrt. Auf der einen Seite köpft ein schneeweißer David den Riesen Goliath und die barbusige Delila raubt dem schlafenden Samson die Kraft gebenden Haarpracht.

Auf dem Hof offenbart sich die ganze Pracht des Fürstenhofes. Auffallend am „Neuen Hof" – dem Gebäudeteil mit der Tordurchfahrt – ist die unterschiedliche Gestaltung. Der kleinere, rot-weiß-blaue Teil

Portal des Fürstenhofes

Fürstenhof, Innenseite.

der Fassade zeigt die Farb- und Fassadengestaltung aus der Renaissance und dem 16. Jahrhundert. Die Farbgebung stammt überwiegend aus dem 19. Jahrhundert. Die Kalksteinfriese stellen das Gleichnis vom verlorenen Sohn dar – inklusive einem reich gedeckten Tisch und einer Feier mit der vollbusigen Gespielin.
Links erhebt sich der „Alte Hof" mit St. Georgen im Hintergrund. Für seine Erbauung war ebenfalls eine Hochzeit ausschlaggebend – 1512/13 wurde das Haus zur Vermählung von Herzog Heinrich mit seiner Pfälzer Prinzessin im spätgotischen Stil erbaut. Vom Obergeschoss führte bis 1743 ein Gang direkt über die Straße in die St.-Georgen-Kirche. Die Seite zur Kirche ist übrigens backsteinsichtig, während die Hofseite rot geschlemmt ist. Nach Einbruch der Dunkelheit ist die Tordurchfahrt effektvoll beleuchtet und bietet mit dem Gewölbe und dem schmiedeeisernen Gitter einen verträumten Anblick. Im Hof des Gebäudekomplexes haben Archäologen eine Glockengießerei aus dem 14. Jahrhundert entdeckt und gesichert – darüber ist mittlerweile ein Grasteppich gewachsen und lädt zum Spazieren im Grünen ein.
Die Nutzung des Fürstenhofs als Gerichtsgebäude hat Tradition. Mit Ende des Dreißigjährigen Krieges und Beginn der schwedischen Zeit Wismars zog 1653 das sogenannte Tribunal ins Haus ein, das oberste Gericht der schwedischen Lehen in Norddeutschland. Nach 1802 und der Verpfändung Wismars an Mecklenburg-Schwerin nutzte das Amtsgericht das Haus, es diente zudem zeitweise als Lazarett, Marstall, Volksküche und Archiv. Ab 1998 wurde der Fürstenhof saniert, sodass das Amtsgericht wieder einziehen konnte.

RUNDGANG 3

SAKRALE ZEUGEN DER VERGANGENHEIT Direkt neben dem Fürstenhof steht St. Georgen. Ein von der Fürstenhofseite verwinkelter Bau, der mit den in der Sonne glänzenden, schlanken Spitzen der achteckigen Türmchen, großen Fenstern und Zierrosetten auf Fernwirkung setzt. St. Georgen ist die jüngste der drei Wismarer Basiliken. Bereits um 1260, also in den ersten Jahrzehnten der Stadt, stand an ihrer Stelle eine Pfarrkirche der Neustadt.

Der erste Bau von St. Georgen wurde Ende des 13. Jahrhunderts als dreischiffiger basilikaler Chor errichtet und durch den Anbau von Kapellen erweitert. Bereits ab 1300 begann ein erster Neubau, ab 1404 ein zweiter Neubau als Kreuzkirche und die Konstruktion des Turmes. Die Planungen zu einer großen Kirche waren abgeschlossen, als zweiter Bauabschnitt des 15. Jahrhunderts wurden ab 1441 in mehr als dreißig Jahren Turm und Chor mit Langhaus, Nord- und Südquerung, der Vierung und dem Vorchor verbunden.

Aber es gab wohl Probleme mit der Finanzierung der Großbaustelle, das Vorhaben geriet ins Stocken und wurde nicht vollumfänglich ausgeführt. Davon zeugen die Verzahnungen an der Ostseite des

Blick auf die St.-Georgen-Kirche vom Hafen aus.

Kirchenschiffes. Sollte dort die Kirche weiter wachsen? Um 1540 konnte nicht einmal der Turm wie geplant mit einem gotischen Pyramidenhelm ausgeführt werden. Er wurde mit einem Notabschluss versehen, sodass er nur wenige Meter höher ist als das Kirchenschiff.

78 Meter lang ist die Kirche vom Turm bis zum Chor, 44 Meter breit das hohe, schmale Mittelschiff mit den breiten Seitenschiffen. Achteckige Pfeiler tragen im Inneren die Gewölbe der ehemals kreuzförmig ausgelegten Basilika. Das Kreuz ist durch die Seitenkapellen kaum noch zu erkennen – das Querschiff des Kreuzes überragt den Kirchenkorpus nur um jeweils sechs Meter auf beiden Seiten. Auffallend sind die Fassaden des Querschiffes. Schmale, hohe Lanzettfenster, die zwei Drittel der Fassade einnehmen, darüber weiße Blendrosetten und reich geschmückte Portalbögen. Die Fassaden werden von achteckigen Treppentürmchen flankiert. St. Georg soll einen Drachen getötet haben. Ob deshalb die glasierten Reliefziegel an den Außenwänden unter anderem Löwen und Drachen zeigen?

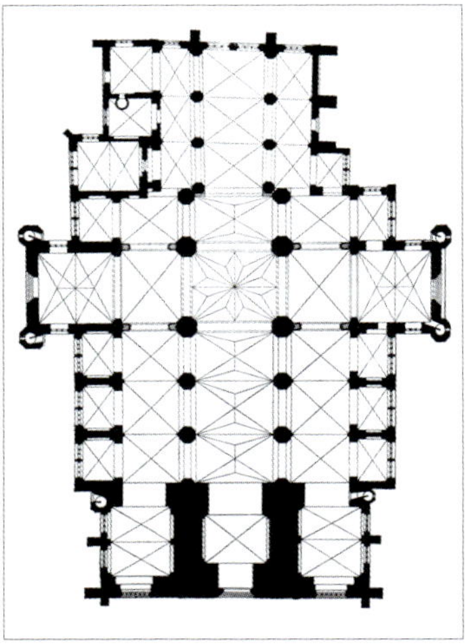

Grundriss von St. Georgen

Das Portal an der Nordostkapelle von St. Georgen ist neu und eine Arbeit von Karl-Henning Seemann, 1934 in Wismar geboren und nun Bildhauer in Süddeutschland. Flucht und Verfolgung sind die Themen. Über allem schwebt der Heilige Christopherus mit einem Kind auf den Schultern. Der Körper des Heiligen kommt plastisch aus der Tür heraus dem Betrachter entgegen. Eine Gruppe Flüchtende – Menschen auf der Flucht, nicht wie einst durchs Rote Meer, sondern ein Meer von Flüchtenden. Die Tradition der Kastenfelder auf Türen hat Seemann übernommen und für seinen Darstellungszweck abgewandelt. So sind die einzelnen Felder zwar zu erkennen, aber sie brechen auseinander mit dem, was auf ihnen dargestellt ist. Die Welt ist aus den Fugen – Menschen, die in die Tiefe stürzen, die verschwimmen im dargestellten Wasser. Auf den Portalgriffen steht der heilige Georg als Patron der Kirche einem Drachenkopf gegenüber.

Im April 1945 trafen Bomben die Kirche und richteten immense Schäden an. In der Folgezeit taten Regen, Sonne und Schnee ein Übriges. Die Ruine wurde zum Kinderspielplatz, bis sie nach einem tödlichen Unfall gesperrt wurde. 1961 wurden Sakristei und Fürstenempore gesprengt, 1973 ein Eckturm am Südquerhaus abgenommen, Ende der 1980er-Jahre drohte der Einsturz des Dachreiters – dass die Kirche nicht dasselbe Schicksal wie St. Marien ereilte (vgl. S. 50), war engagierten Bürgern der Stadt zu verdanken. Ein Orkan im Januar 1990 ließ den Giebel des Nordquerhauses zum St.-Georgen-Kirchhof einstürzen, begrub Häuser unter sich und verletzte deren Bewohner. In der Euphorie der Wendezeit wurde nun eine breitere Öffentlichkeit auf den Zustand der Kirche aufmerksam. Der Wiederaufbau wurde zum Vorzeigeprojekt der Deutschen Stiftung Denkmalschutz mit zahlreichen Spendern und Förderern.

Der Wiederaufbau ist abgeschlossen. Die Aussichtsplattform auf dem Turmstumpf bietet eine beeindruckende Aussicht auf die Wismarer Altstadt und darüber hinaus – auch auf die benachbarten Kirchen, die aus der Vogelperspektive riesig wirken.

Mecklenburg-Vorpommern ist übrigens das Bundesland mit den meisten Kirchengebäuden je Einwohner. Bei der Zahl der Kirchenmitglieder liegt das Land jedoch weit hinten, nur gut 20 Prozent der Einwohner gehören noch einer christlichen Konfession an. Erhalt und Sanierung der Gotteshäuser stellen unter diesen Umständen ein Problem dar.

Von St. Georg die Kleine hohe Straße und den Stadthügel hinunter, kommt auf der rechten Ecke der Lübschen Straße zur Neustadt die Heilig-Geist-Kirche in Sicht. Der Blick in die Lübsche Straße lohnt – schöne, größtenteils sanierte Giebelhäuser säumen die älteste Straße der Stadt.

Und mittendrin das große Backstein-Ensemble genau auf der Grenze zwischen Alt- und Neustadt, also zwischen dem ersten Altstadtkern und der ersten Stadterweiterung aus der Zeit um 1250. Bereits Mitte des 13. Jahrhunderts wurde an dieser Stelle mit dem Bau einer Kirche begonnen. Deren Reste sind im jetzigen Kirchenbau aus dem 14./15. Jahrhundert an der Nord- und Ostseite erhalten. Heilig Geist ist ein einfacher rechteckiger Saalbau. Die äußeren Strebepfeiler wurden erst im 17. Jahrhundert angesetzt, dazwischen die Spitzbogenfenster und die Portale der Kirche. Das Spitalgebäude von 1410/11 schließt sich zur Straße namens Neustadt an. Auch hier gab es einen Vorgängerbau, die Spitalanlage wurde erstmals 1255 urkundlich erwähnt. Am damaligen Rande der Stadt sollten Aussätzige, Alte,

Die Heilig-Geist-Kirche fügt sich in die Bebauung der Lübschen Straße ein.

Kranke und Arme, aber auch Reisende Zuflucht finden. Die Bürger konnten sich ins Haus einkaufen und so fürs Alter vorsorgen.

Gegenüber der Tordurchfahrt von Heilig Geist befindet sich einer der schönsten Spielplätze der Altstadt – kindgerecht ausgestattet, zur Sicherheit eingezäunt und nicht weit entfernt von einem beliebten Eisladen in der Lübschen Straße.

Vorbei am Spitalgebäude gelangt man zu einem Torbogen und unter diesem hindurch in einen malerischen Innenhof. Eine Inschrift am Bogen erinnert daran, dass hier 1908 die Wiege der Wismarer Hochschule stand (vgl. S. 38). Im Haus links hinter der Tordurchfahrt fand der erste Unterricht statt, die Kirchenräume wurden als Labore genutzt, die Kapelle war Lesesaal und Bibliothek. Der Innenhof ist eine innerstädtische Oase, besonders wenn die Rosen blühen und der steinerne Brunnen zum Verweilen einlädt. Der Hof wurde und wird gerne als Filmkulisse genutzt, 1921 wurden dort Szenen vom ersten Vampirfilm „Nosferatu" gedreht, seit 2004 befindet sich im Hof die Hauptwache der Krimiserie „SOKO Wismar".

Tipp für Stummfilmfans: „Nosferatu" von Friedrich Wilhelm Murnau

Die Schönheit der Architektur im Hof zeigt sich allerdings am besten im Winter, wenn die Bäume entlaubt sind und den Blick auf die Nordseite der Kirche uneingeschränkt zulassen. Im Osten des Ensembles erinnert das sogenannte Beinhaus an längst vergangene Zeiten. Es ist eines der letzten seiner Art in Mecklenburg-Vorpommern. In jener Zeit, als Verstorbene noch im Kirchhof oder der Kirche begraben wurden, kamen die gefundenen Gebeine nach einer „Neubelegung" ins Beinhaus.

Der Blick in die Kirche selbst – und dort kirchentypisch in die Höhe – zeigt einen besonderen Schatz des ansonsten für Wismarer Kirchen

Die Decke im Kircheninneren ist sehenswert.

recht schmucklosen Baus. Die niedrige Holzbalkendecke ziert eine der ältesten erhaltenen barocken Deckenmalereien im Norden. Die 26 Medaillons zeigen als Folge die christliche Urgeschichte aus dem „Alten Testament". Die Decke stammt aus der zweiten Hälfte des 17. Jahrhunderts. Zuvor gab es dort ein hölzernes Tonnengewölbe, die Bemalung stammt vermutlich aus der ersten Hälfte des 18. Jahrhunderts.

Rechts neben dem Altar wirkt eine blasse Malerei wie ein Kreuzworträtsel. Das Fresko wurde auf die Jahre um 1300 datiert. 99 Buchstabenfelder enthalten geheimnisvoll verschlungen den Spruch „Deo Gratias" - Gott sei Dank. 504-mal ist er, beginnend beim D in der Mitte, im mittelalterlichen Wandwortspiel zu lesen. Gegenüber ist das Nordfenster der Kirche sehenswert. Die zusammengestellte Glasmalerei aus dem frühen 15. Jahrhundert befand sich ursprünglich in

504-mal ist der Spruch Deo Gratias (Gott sei Dank) im mittelalterlichen Fresko zu lesen.

St. Marien. In kräftigen Farben und sehr lebendig ist das Leben Christi dargestellt. Die Augenringe des Esels im Bild „Flucht der heiligen Familie" sind wie viele andere Details sehr liebevoll gestaltet. Auf dem Flügelaltar ist eine Kopie der bekannten Kreuzabnahme Rembrandts zu sehen. Die achtseitige Renaissance-Kanzel von 1585 trägt Tafelbilder der Evangelisten und Propheten sowie des Täufers Johannes. Das Gestühl stammt aus dem späten 16. Jahrhundert und zeigt, welche Menschen dort in der Frühen Neuzeit ihren Platz hatten. Wappen, Initialen und Zeichen der Gewerke, wie Bäcker, Schmiede, Barbiere und Böttcher, sind auf den Stuhlwangen zu finden.

Wer etwas Zeit hat oder ausnahmsweise bei Schlechtwetter in Wismar unterwegs ist, sollte den kleinen Schlenker in die Lübsche Straße zum Welt-Erbe-Haus machen – wenige Schritte berghoch Richtung Karstadt. Nehmen Sie sich diese Zeit! Ein Haus erzählt Geschichte(n) – das Besucherzentrum vermittelt einen lebendigen Eindruck der Historie der Stadt und ist dabei selbst Zeugnis der verschiedenen Epochen. Eine

Ziegenmarkt

Der Ziegenmarkt nahe des Hafens lockt mit einem schönen Gebäude-Ensemble. Links der „Ziegenkrug" als Empfehlung zum Fischessen, dahinter das rot-weiße „Alte Gewölbe", das sich über der Grube erstreckt. Dies ist eines der ältesten und wohl auch schiefsten Häuser Mecklenburgs. 1406 wurde das Haus mit einem Vorgängerbau erstmals erwähnt, Holzproben aus dem Dachstuhl wurden auf das 17. Jahrhundert datiert. Das Fachwerkhaus steht auf zwei Tonnengewölben, die bei Hochwasser oder Stadtbrand das Wasser der Grube anstauen konnten. Früher kosteten die Wismarer Ratsherren ankommenden Wein in diesem Haus (es war Teil der Stadtmauer), heute beherbergt es Ferienzimmer mit besonders schrägen Wänden. Die beiden Erker zur Stadtseite hin sind original aus der Bauzeit des Hauses, die Knaggen und das Holz an der Unterseite sind einen zweiten Blick wert!

modern gestaltete Ausstellung mit Themen wie „Bürger bauen ihre Stadt“, „Häuser erzählen Geschichte“, „Handel bringt Wohlstand“ oder „Kaufleute erfinden das Dielenhaus“ lockt, dazu das sogenannte „Tapetenzimmer“. Auf der wertvollen Panoramatapete aus dem Jahr 1823 wird die mythologische Geschichte „Reise des Telemach auf die Insel Calypso“ gezeigt. Fragmente dieser Tapete befinden sich unter anderem im Museumsbestand des Metropolitan Museum of Art in New York. Für die Tapete – in Wismar sind es insgesamt 64 Quadratmeter Wandfläche – wurden mehr als 2 000 verschiedene Druckstöcke geschnitten und fast 90 unterschiedliche Farben hergestellt.

Nächstes Ziel ist St. Nikolai. Der Weg führt von der Neustadt gleich nach dem Heilig-Geist-Quartier rechts abbiegend in die Heide/Böttcherstraße und gleich wieder links in die Speicherstraße. Gerade im Frühjahr oder Sommer ist diese kleine Straße ein Geheimtipp. Nicht etwa wegen Backsteinen oder großen Kirchen – die kleinen Häuser der Straße sind liebevoll saniert und bunt gestaltet und bieten so ein romantisches Straßenbild. Das Schild an einem der Häuser, das es als Geburtsstätte des berühmten Seeräubers Störtebeker ausweist, ist eine Fälschung seiner jetzigen Bewohner (vgl. S. 26).

Hinter dem Ziegenmarkt führt die Frische Grube rechts weiter zu St. Nikolai. Den künstlich angelegten Wasserlauf soll es schon im 13. Jahrhundert gegeben haben, er ist der einzig erhaltene seiner Art in Deutschland. Die Grube diente neben dem Warentransport auch zur Süßwasserversorgung.

Ob die Namensänderungen der Grube auf ihrem Weg von der Altstadt in den Hafen etwas mit dem Zustand des Wassers im Mittelalter zu tun hat? Aus der Frischen Grube wird im Volksmund die Faule Grube – im Mittelalter wurde dort nicht nur Wäsche gewaschen, auch Unrat und der Inhalt vieler Nachttöpfe landeten im Wasser. Gästeführer erzählen, wenn Brautag war, gab es die Anweisung, derartiges schon Tage vorher nicht in der Grube zu entsorgen, um dem berühmten Wismarer Bier nicht die falsche Würze zu verleihen.

Nach einem guten Stück Weg erhebt sich links die St. Nikolai-Kirche imposant vor einer Baumallee. Für Fotografen: Direkt von der kleinen Brücke über der Grube (Ecke Scheuer-/Bohrstraße und Frische Grube) ist ein guter Standort zum „Abdrücken“, am besten, wenn sich das Bild der Kirche in der Grube spiegelt.

St. Nikolai ist eine dreischiffige Backsteinbasilika ohne Querhaus, die Kirche der Fischer und Seeleute. Sie gilt als eines der schönsten Zeugnisse mittelalterlicher Backsteinbaukunst Norddeutschlands. Das Kir-

Die Kirche der Kaufleute: St. Nikolai

chenschiff des Kölner Doms ist gerade mal 6,5 Meter höher als Wismars St. Nikolai, die Lübecker Marienkirche 1,5 Meter. Einige Zahlen zum Größenvergleich: Das Mittelschiff der St.-Nikolai-Kirche ist 37 Meter hoch, die Seitenschiffe sind mit 18,5 Meter halb so hoch wie das imposante Mittelschiff. Der Turm fällt mit seinen 64 Metern niedriger aus als der von St. Marien, bis zu einem noch zu erwähnenden Sturm war er jedoch einst doppelt so hoch.

Von Süden her – der Frischen Grube zugewandt – wird der Besucher vom aufwändig verzierten Giebel der Südvorhalle empfangen. Der Giebel stammt aus der Mitte des 15. Jahrhunderts. Ihn krönt eine riesige Rosette als Darstellung der Sonne und Hinweis auf Jesus Christus als „Licht der Welt". Das Muster aus glasierten Reliefsteinen im Wechsel mit unglasierten Steinen überspannt den Großteil des Giebels. Die Reliefsteine zieren figürliche Darstellungen, wie die der Heiligen Maria, des Heiligen Nikolaus als Patron der Schiffer, Drachen, Löwen sowie Menschenköpfe und Fratzen. Im Portal des Südgiebels ist Jesus mit der Weltenkugel dargestellt. Auf dem südlichen Hauptportal steht ein Bibelzitat: „Herr, ich habe lieb die Stätte deines Hauses und den Ort, da deine Ehre wohnt."

1255 wird erstmals eine Kirche namens St. Nikolai erwähnt – ein Vorgängerbau. Um 1270 wurde mit einem neuen Kirchbau begonnen, den man Ende des 14. Jahrhunderts zur Basilika mit Chorumgang umbaute. Die Kirche sollte größer werden als alles vorher – die Stände der Stadt wollten Platz für 38 Altäre. 1403 wurde der Chor geweiht, 31 Jahre später begann man mit dem Bau der Seitenschiffe, der Hallenanbauten sowie der Erhöhung des Mittelschiffs mit den

Blick auf die Orgel in St. Nikolai und in die Höhe.

Seitenschiffen als „Stützen“ und den eleganten Strebebögen und -pfeilern. 1459 fand die Weihe statt, erst danach entstanden die Gewölbe. Ab 1485 wurden dann die Turmobergeschosse aufgemauert, zwei Jahre später konnte schon die Turmglocke eingehängt werden. Aber erst 1508 erhielt der Turm seinen spitzen Turmhelm mit 60 Metern Höhe. Ein Orkan um Nikolaus 1703 zerstörte die Turmspitze der Wismarer St.-Nikolai-Kirche, so wie eben dieser Orkan auch die Türme der Nikolaikirchen von Schwerin und Rostock niederstürzen ließ. Der Wismarer Turmhelm durchschlug das Gewölbe des Mittelschiffes und richtete auch im Inneren des Hauses große Schäden an.

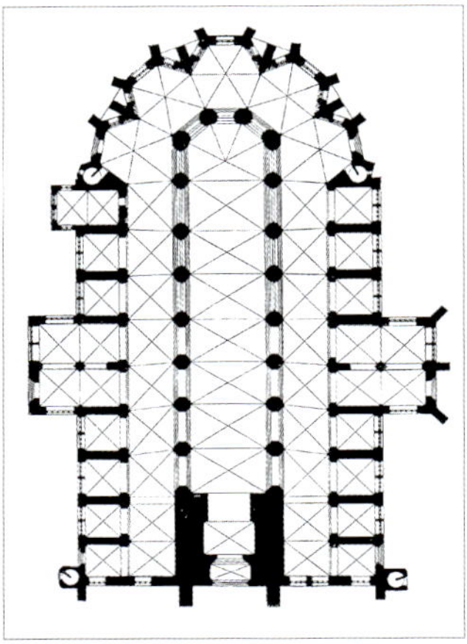

Grundriss von St. Nikolai

Der Turm von St. Nikolai und ihr Gewölbe können bestiegen werden. 95 Stufen im Westturm führen hoch bis zum Gewölbe der Seitenschiffe. Der Aufstieg über den engen steinernen Wendelgang lohnt. Oben wartet erst ein kleiner Ausblick auf die westliche Altstadt, dann ein tiefer Einblick in den zum Teil 600 Jahre alten Dachstuhl. Atemberaubend ist der Blick, den Schwindelfreie von oben in das Innere des Kirchenschiffes wagen können.

Der Eingang in die Kirche befindet sich kurz vor dem Südgiebel an der Grubenseite der Kirche. Nach dem Windfang fällt im Inneren der

Wandmalerei „Wurzel Jesse“, Detail

Im Inneren kann der Blick ungehindert durch das Kirchenschiff schweifen.

Kirche direkt hinter dem „Kartentisch" mit Ansichtskarten und Literatur eine mittelalterliche Wandmalerei auf. Die „Wurzel Jesse" gehört zu den bedeutendsten mittelalterlichen Wandmalereien des Ostseeraumes – dieser Superlativ wird zur Beschreibung der Kirchenausstattung noch des Öfteren herhalten müssen. Die „Wurzel Jesse" ist mit ihren 200 Quadratmetern sicher das größte Gemälde Norddeutschlands.

Unten im Wandbild schlafen zwei überlebensgroße Männer. Von ihren Hüften ausgehend, wächst eine Pflanze wie ein Stammbaum dem Kirchengewölbe entgegen. In den Ranken sind Gesichter und Namen untergebracht. Die Ranken gipfeln unter dem Kreuzrippengewölbe in mehr als elf Metern Höhe einerseits in der Darstellung Jesus am Kreuze und in der „apokalyptischen Madonna". Die Malerei stammt aus dem Jahr 1479.

Auf der anderen Seite des Turmes befindet sich eine ähnlich große Darstellung: Durchs Wasser watet der Heilige Christophorus – sein Anblick soll im Mittelalter vor dem plötzlichen Tod geschützt haben. Daneben ist Christus als überlebensgroßer Schmerzensmann gemalt. Die personifizierten Laster stechen mit Lanzen auf ihn ein.

Die Ausstattung der St.-Nikolai-Kirche ist nach dem Sturmschaden überwiegend barock, enthält aber auch mittelalterliches Kunstgut aus St. Marien, St. Georgen und einem ehemaligen Dominikanerkloster (vgl. S. 74).

Der restaurierte Hochaltar gehört mit seinen Abmessungen zu den bedeutendsten und größten sakralen Kunstwerken des Ostseeraumes. Der spätbarocke Altar wird auf das Jahr 1774 datiert. In den Einfassungen im ausladenden Rokokostil sind Gemälde eingefügt, unten das Abendmahl, in der Mitte die Kreuzabnahme nach einem Ru-

Hochaltar

bensgemälde, oben eine Uhrscheibe ohne Uhr und der triumphierende Christus. Die Kopie der Kreuzabnahme wurde vom Künstler kurioserweise seitenverkehrt angefertigt. So kniet dort, wo im Original der Täufer Johannes im Vordergrund steht, Maria Magdalena.

Vor dem Altar ragt das Triumphkreuz im Mittelschiff empor, es stammt eigentlich aus dem sogenannten Schwarzen Kloster (Dominikanerkloster) in Wismar und soll im 15. Jahrhundert entstanden sein. Die Kanzel vor dem Triumphkreuz von 1708 wirkt durch einen intensiven Schwarz-Weiß-Kontrast sowie durch reichen Schmuck mit Blumengewinden, Engelsköpfen und Kartuschen mit Bibelsprüchen. Die Mende-Orgel hat exakt 1947 Pfeifen, die größte misst sechs Meter, die kleinste ist gerade so lang wie ein kleiner Finger. Das Prospekt stammt aus der Renaissance, hat barocke Erweiterungen und steht erst seit den 1980er-Jahren in der Kirche – es wurde „gebraucht" gekauft und in Wismar eingebaut. Mit etwas Glück kann die Orgel live

Taufumgang von 1719

erlebt werden, auch eine CD mit Wismarer Orgelmusik lässt sich in der Kirche erwerben. Unterhalb der Orgel finden in der sogenannten Winterkirche während der kalten Jahreszeit die Gottesdienste statt.

Im nördlichen Seitenschiff der Kirche fällt unweit des „Schmerzenmannes" der barocke Taufumgang von 1719 auf. Ein ähnlicher Schwarz-Weiß-Kontrast wie bei der Kanzel – der Taufumgang stammt aus derselben Werkstatt. Den oberen Teil des runden Holzbaus tragen sechs korinthische Säulen, der Fries darüber ist mit Sprüchen geschmückt. Darüber sitzen Frauenfiguren. Auf dem Dach steht Johannes der Täufer, vom Dach schwebt ein Engel mit einer muschelförmigen Taufschale herab.

Die nächste Nische in der großen Nordhalle schmücken zwei Epitaphe. Die kleinere Grabschrift erinnert an den Braumeister und Ratsherren Schabbell. Ihr gegenüber hängt das wohl bedeutendste barocke Epitaph Norddeutschlands. Ursprünglich war es in St. Marien zu finden. Dank zahlreicher Spender, insbesondere aus dem Ausland und unter den Nachfahren des David Mevius, wird das Mevius-Epitaph derzeit restauriert. Das Kunstwerk mit seinen filigranen Schnitzereien in Eichenholz ist sechseinhalb Meter hoch und fast vier Meter breit. Es erinnert an David Mevius (1609–1670) einen bedeutenden Rechtsgelehrten, der Gründungsdirektor und erster Vizepräsident des schwedischen Tribunals war (vgl. S. 20).
Eine Seitenkapelle weiter östlich steht die bronzene Grabplatte der Herzogin Sophie von Mecklenburg (um 1460–1504). Mehr als 500 Jahre alt ist dieses Zeichen allerhöchster Handwerkskunst. Mit ihren Maßen von 2,53 mal 1,58 Meter ist die Grabplatte aus vier Rahmenteilen und einem Mittelstück zusammengefügt. Die auf der Grabplatte dargestellte Frau war verheiratet mit einem der Söhne von Heinrich IV., ging nach dessen Tod ins Kloster und legte das Gelübde ewiger Keuschheit ab. Politik siegte über Moral – sie heiratete den ehemaligen Schwager Magnus II., der mit dieser Verbindung die Grenze Mecklenburgs nach Pommern hin absichern wollte. Auch wenn dies nicht den kirchlichen Gesetzen entsprach – sein Großvater hatte für Ähnliches den Kirchenbann erfahren – Magnus II. erhielt trotz alledem vom Papst die Goldene Tugendrose als höchste kirchliche Auszeichnung.
Die Wände der Kapelle zieren der Marienschrein aus dem 15. Jahrhundert und der jüngere Thomasaltar. Der Marienschrein – auch

Blick auf den Hochaltar und das Kreuz davor

Das Teufelsgitter von St. Nikolai

Die große bronzene Tauffünte stand eigentlich in St. Marien. Um das auf 1335 datierte Werk und sein etwa 100 Jahre jüngeres Gitter rankt eine Sage. Diese erzählt von einem Schmiedegesellen, der die Tochter des Meisters heiraten wollte. Die verlangten 100 Gulden für den „Mahlschatz" hätte der Geselle aber niemals zusammenbekommen. Ein Fremder versprach ihm genau diese 100 Gulden, wenn er es schaffen würde, ein Eisengitter um das Taufbecken von St. Marien zu schmieden. Allerdings sollte es innerhalb eines Tages fertig sein. Der verzweifelte Jüngling nahm an und verkaufte damit seine Seele dem Teufel. Bis auf den letzten Niet schmiedete der Geselle das Stück, als er nicht rechtzeitig fertig wurde, bat er Gott um Hilfe. Half das Beten oder hatte der Teufel den fehlenden Niet nicht bemerkt? Der Geselle erhielt sein Geld und behielt seine Seele. Ob er mit seiner Schmiedetochter glücklich wurde, ist nicht bekannt, aber der Niet soll im „Teufelsgitter" immer noch fehlen. Auf der Tauffünte sind Szenen aus dem Leben Jesu sowie das Gleichnis von den klugen und törichten Jungfrauen dargestellt.

Jungfrauenschrein genannt – stammt aus der nicht mehr vorhandenen Dominikanerkirche. Dargestellt ist die Strahlenkranzmadonna mit sechs heiligen Jungfrauen.

Der Thomasaltar verdankt seinen Namen drei Heiligen, die auf dem doppelflügeligen Triptychon dargestellt sind. In der Bildmitte der einflussreiche italienische Dominikaner Thomas von Aquin – das Kunstwerk wurde um 1515 für das Wismarer Dominikanerkloster geschaffen. Links daneben der Apostel Thomas, rechts Erzbischof Thomas Becket von Canterbury. Durch das doppelte Flügelpaar kann das Tryptichon dreifach gewandelt werden – aus vier Gemäldefeldern im geschlossenen Altarzustand mit dem Leben von Thomas von Aquin werden nach dem ersten Öffnen acht Felder mit dem Leben der beiden anderen Geistlichen. Erst im Inneren des Schreins offenbart sich eine aufwändige, sehr plastische und umfangreich vergoldete Schnitzarbeit mit allen drei Menschen.

Früher hatte St. Nikolai um die 40 Nebenaltäre für die unterschiedlichen Handwerksämter und Familien der Stadt. Der einzig erhaltene ist der Schifferaltar neben der Tauffünte. Der Altar, datiert um 1500, ist in schlechtem Zustand. Die Predella (hölzerner Unterbau) und das äußere Flügelpaar fehlen, die Malereien wurden im 19. Jahrhundert stark überarbeitet. Der Krämeraltar in der nordöstlichen Chorkapelle stammt aus der Mitte des 15. Jahrhunderts und aus St. Marien. Im Zentrum des geöffneten Altars steht die himmlische Erscheinung der apokalyptischen Madonna – Maria ist mit Strahlenkranz, Krone, Zepter und dem Jesuskind dargestellt. Es wird vermutet, dass Jesus eine Art Dudelsack in den Händen hält. Es könnte auch die symbolische Spindel für den Schicksalsfaden sein. Links neben der Madonna ist der Drachen tötende Erzengel Michael dargestellt, rechts ein Ritter, der heilige Mauritius, auch ein Patron der Kaufleute. Die Flügel zeigen Szenen aus der Weihnachtsgeschichte.

Im südlichen Seitenschiff ist gotisches Gestühl aus St. Georgen ausgestellt. In den Kapellen gibt es eine Spiel- und Bastelecke für Kinder sowie einen Bücherbasar. 13 konservierte Bilder in einer der Kapellen zeigen Pastoren aus dem 17. bis 20. Jahrhundert. Ungewöhnlich: Auch eine Frau ist abgebildet.

In der Südhalle stehen das Triumphkreuz und der restaurierte Hochaltar aus St. Georgen. Noch ist offen, ob beide auf die Zeit um 1430 datierte Kunstwerke nach der Fertigstellung von St. Georgen wieder in die Kirche kommen. Der Hochaltar beeindruckt mit seiner Größe und der aufwändigen Schnitzkunst. Zehn Meter breit und vier Meter

Der Hochaltar, der ursprünglich in St. Georgen stand, ist eine besondere Kostbarkeit aus dem 15. Jahrhundert.

hoch – das größte Hochaltarretabel im Ostseeraum. Ein monumentales vierflügliges Kunstwerk. Es war eigentlich für das nie vollendete Bauprojekt zur Vergrößerung des Mittelschiffes von St. Georgen ausgelegt, konnte also, als es noch in St. Georgen stand, nie in voller Breite gezeigt werden. Den Zweiten Weltkrieg hat der Altar eingemauert in der Kirche überstanden. 40 geschnitzte Heiligenfiguren gruppieren sich um die Szene der Marienkrönung in der Altarmitte. Links die betende Maria, rechts Christus mit erhobener Hand und Weltenkugel. Unter dem Ensemble hat sich der Stifter des Altars selbst verewigen lassen, kniend und ohne Kopfbedeckung als Zeichen der Demut, mit zum Gebet gefalteten Händen. Das geschnitzte Wappenschild ist zwar erhalten, aber nicht mehr zuzuordnen, sodass unbekannt ist, welche Wismarer Familie das Werk gestiftet hat.

Über die Frische Grube in die kleinste Straße Wismars – die Rosmarienstraße – geht es zu einem Schulgebäude mit großer Geschichte. Heute ist es die Große Stadtschule Geschwister Scholl-Gymnasium. Bereits im Jahre 1180 – also noch vor der Stadtgründung – errichteten Benediktinermönche aus Lübeck die „Kirche zum heiligen Kreuz" auf dem heutigen Schulgelände. 1251 kamen Franziskaner als Bettelmönche und bauten auf den Grundmauern der alten Kirche eine neue. Aus diesem „Grauen Kloster" wurde 1541 eine evangelisch-lutherische Lateinschule. Mitte des 18. Jahrhunderts wurde die humanistisch-reformatorisch geprägte Schule fast aufgelöst und verfiel in der zweiten Hälfte des 18. Jahrhunderts, wurde aber als neuhumanistisches Gymnasium mit Bürgerschule wieder aufgebaut. Vom ehe-

Am Standort der Großen Stadtschule befand sich einst ein Kloster.

Schwarzes Kloster

Dieser Ende des 14. Jahrhunderts erbaute Chor eines früheren Dominikanerklosters ist seit 1880 als Turnhalle und Aula in einen Schulbau integriert. Eine 1689 errichtete Kirche ist dagegen 1886 abgebrochen worden. Die Anwesenheit von Mönchen des Dominikaner-Ordens in Wismar ist seit 1293 nachweisbar. Der Chor des ehemaligen Klosters ist vom Turnerweg aus (etwa zehn Minuten Fußweg von der Großen Stadtschule entfernt) noch immer gut zu erkennen.

maligen Kloster ist nicht mehr viel übrig – im 19. Jahrhundert musste die Kirche wegen Baufälligkeit abgerissen und das Kleine sowie das Große Schlafhaus abgebrochen werden. 1891/92 begann der Neubau der heutigen Großen Stadtschule im neogotischen Stil. Das Schulgebäude steht dort, wo sich einmal das Große und das Kleine Schlafhaus befanden. An der Stelle, wo einst der Chor, Teile der Kirche und kleinere Klostergebäude (Brauhaus, Küsterwohnung) waren, sind heute die Sporthalle und ein Teil des Schulhofes. Unter dem Schulhof liegen die Fundamente der Kreuzgänge. Bei Bau- und Restaurierungsarbeiten Anfang 1996 wurden Mauerreste und Knochen gefunden, die die Geschichte des Klosters und die Anordnung der einzelnen Klostergebäude bestätigen.

RUNDGANG 4

AUF DEN SPUREN DER KAUFLEUTE Mehr als 30 erhaltene Speichergebäude gibt es in Wismar. Zur Zeit der reichen Hansekaufleute dienten die schönen Giebelhäuser als Warenlager, meist mit großen Haspelrädern am Giebel oder im Dachboden, um Bierfässer oder Getreidesäcke durch Luken in die einzelnen Etagen der Speicher zu heben. Die Kaufmannsfamilie hat im „Hinterhaus", dem sogenannten Kemladen, gewohnt. Verständlicherweise haben sich die meisten Kaufleute in der Nähe des Alten Hafens und des künstlichen Wasserlaufes „Frische Grube" angesiedelt. Deswegen beginnt der Streifzug durch Wismars Speicher am Ziegenmarkt, wenige Meter vom Hafen entfernt Richtung Altstadt und St. Nikolai. Auch wenn es der Name vermuten lässt: Dass am Ziegenmarkt jemals mit Vieh gehandelt wurde, ist nicht belegt.

Ein ehemaliger Salzspeicher an der Ecke Ziegenmarkt/Frische Grube aus dem 17. Jahrhundert ist die erste Station der Speichertour. Bis ins 20. Jahrhundert war das Haus mit dem Fachwerk im Obergeschoss und den Steinen im Untergeschoss Salzspeicher, zu DDR-Zeiten wurde es mit viel persönlichem Einsatz restauriert.

Fachwerkhaus an der Frischen Grube, dahinter der Königsspeicher

Die Frische Grube Richtung Altstadt entlang, folgt gleich darauf der Königsspeicher aus dem 18. Jahrhundert. Die südliche Giebelfront und die westliche Fassade sind aus massivem, verputztem Mauerwerk, die anderen Seiten fachwerksichtig. Dass die Seiten zum Hafen als verputztes Mauerwerk gestaltet wurden, die anderen als Fachwerk, hat einen Grund. Fachwerk galt als „preiswerte" und damit billige Bauweise. Durch die Versteifungen konnten Steine gespart werden. Und wer zeigt Neuankömmlingen vom Hafen schon gerne, dass er spart oder sparen muss? Wer etwas auf sich hielt, versteckte das Fachwerk unterm Putz. Der sonst schmucklose Giebel zur Grubenseite ist nur durch das Fensterband in der Fassadenmitte und den teilweise geschweiften Giebel im Dachbereich architektonisch aufgewertet. In den Dachflächen fallen die „Fledermausgauben" auf. 1993 wurde das Haus saniert. Der überdachte Kranbalken ist für Wismar eigentlich untypisch, obwohl einige Exemplare die Zeit überdauert haben.

Die Frische Grube weiter, geht die Tour bis zur Kreuzung Scheuerstraße/Bohrstraße mit einer der schönsten Aussichten auf die St.-Nikolai-Kirche. Rechts zweigt die Bohrstraße ab – eine Straße voller Speicher. Sie ist seit 1327 als „Boßtrate" und „Botestrasse", um 1475 als „Borstraße" belegt. Von der Grube kommend, fällt der Blick schnell auf zwei wunderschöne große Giebelhäuser.

Der rote Giebel der Bohrstraße 15 stammt aus dem 15. und 16. Jahrhundert. Das unsanierte Giebelhaus mit seinen fünf Achsen und den vier Speichergeschossen im Giebel fällt durch die Breite auf. Im Hof des Hauses befindet sich ein Kemladen – wie erwähnt ein Anbau als Wohnhaus. Ein Teil des verbauten Holzes im Haus wurde auf 1300 datiert. Da das Haus jünger ist, wird das Holz wohl „recycelt" worden sein. Auffallend an der Giebelgestaltung ist ein niedrigeres Zwischengeschoss. Vermutlich wurde hier aus einem Dielenhaus erst später ein Speicher. Die Umgestaltung und Umnutzung im Laufe des 19. oder 20. Jahrhunderts – unten Wohnraum, oben Speicher – ist an den Fenstern und Lukenreihen abzulesen.

Direkt daneben erhebt sich das Haus Bohrstraße 13 mit hoch aufragendem, geschweiftem Umriss, betont durch zwei Voluten und Kapitelle. Der Giebel stammt in seiner Form aus dem 19. und 20. Jahrhundert. Das Giebeldreieck wird durch fünf vertikale Blenden mit eingesetzten Fenstern, Lukenpaaren, Pfeilervorlagen und einer Figur geprägt. Diese Gestaltung könnte aus der Gotik erhalten geblieben sein. Der schlichte grüne Giebel vier Häuser weiter erzählt wiederum die Geschichte einer Umgestaltung, vermutlich vom Dielen- zum Speicherhaus. Denn an der Fassade ist das niedrige Zwischengeschoss zu erkennen. Gesicherte Datierungen des Hauses gibt es bisher nicht, 1980 ist bei einer Sanierung viel ursprüngliche Bausubstanz verloren gegangen.

Auf der anderen Straßenseite springt ein Löwe aus dem oberen Teil des Giebels. Das Haus in der Bohrstraße 12a ist für Wismarer Verhältnisse relativ jung. Es stammt aus dem 19. Jahrhundert. Ein klas-

Bohrstraße 12a

sizistischer Giebel mit sparsamer Gestaltung. Von der Bohrstraße heißt es nun rechts in die Bademutterstraße abbiegen, wobei der Blick auf die Giebel der Krämerstraße und den ihr vorgelagerten Brunnen ein lohnendes Fotomotiv ist. Der Blick die Krämerstraße entlang zeigt Ziergiebel an Ziergiebel. Hier haben einst die Krämer gewohnt - und die wollten nach außen hin Reichtum und Stil zeigen. Hinter den Fassaden sah es oft ganz anders aus. Der doppelte grüne Giebel fällt auf mit den kannelierten Kolossalpilastern über Erd- und Obergeschoss unter der verspielt geschwungenen Volutenspitze. Die Giebelgestaltung ist allerdings eine „Erfindung" der 1980er-Jahre. Zwei Häuser weiter guckt ein Hirschgeweih aus dem roten Giebel. Noch ein Stückchen weiter, gegenüber von Karstadt, gibt es vor dem Haus Krämerstraße 5 die Möglichkeit, durch eine Glaspyramide in ein mittelalterliches Gewölbe zu schauen. Entstanden ist dieser Kellerraum vermutlich im 12. oder 13. Jahrhundert unter Verwendung von Backsteinen im Klosterformat.

Zurück am Beginn der Bademutterstraße findet sich ein zweiter Löwe; dieser springt nicht aus der Fassade, sondern thront über dem Eingang der früheren Löwenapotheke. Der reich verzierte Giebel mit Voluten, Kugelaufsätzen und zwei weiteren Löwenköpfen, die aus dem Dachgeschoss gucken, stammt aus dem 19. Jahrhundert und ist eine Überformung früherer Jahrhunderte. Das Bild des Hauses bestimmen die segmentbogenartig geschlossenen Erker, die mit einem Kuppelabschluss in den beiden Seitenachsen über Erd- und Obergeschoss verlaufen. Die große barocke Hauseingangstür in der Mittelachse mit ihrer Portalrahmung ziert der erwähnte Löwe in Gold.

Das Haus war fast 350 Jahre lang Apotheke, jetzt gibt es dort ein Café und eine „Weinapotheke" (Weinhändler). Die „Alte Löwenapotheke" mit dem Löwen direkt am Hopfenmarkt - so heißt das Areal um den steinernen Brunnen - beinhaltet ein interessantes Stück Baugeschichte. Die Brandmauern im Haus gehen aufs 13. und 14. Jahrhundert zurück. Die Rückfassade wurde dank der Jahresringe im Holz des Fachwerkes auf das Jahr 1532 datiert. Das ist der älteste Fachwerkgiebel Wismars und im ganzen Norden Deutschlands etwas Besonderes. Der Luchtbalken, der große Sturz an der Rückfassade, wurde auf das Jahr 1337 datiert. Ein etwas anderes Relikt aus bisher unbekannter Zeit befindet sich im „jüngeren" Holz des 16. Jahrhunderts: eine Kanonenkugel. Nicht hineingeschossen, sonst würde es den Balken nicht mehr geben, sondern im Holz platziert. Seit Mitte des 17. Jahrhunderts ist im Haus eine Apotheke nachweisbar.

Das noch unsanierte Schabbellhaus mit dem Schweinchen der Schweinsbrücke davor beheimatet das Stadtgeschichtliche Museum.

Die Bademutterstraße entlang, führt der übernächste Abzweig links in die ABC-Straße und dann weiter Richtung Schweinsbrücke und Schabbellhaus am Fuße der Nikolai-Kirche. Das Schabbellhaus stammt aus dem Ende des 16. Jahrhunderts und präsentiert sich mit einem reich verzierten Schaugiebel zur Frischen Grube hin. Der Bauherr des Hauses, Hinrich Schabbell, war Ratsherr und Braumeister. Er ließ sein Haus vom selben Baumeister wie die Wasserkunst auf dem Marktplatz bauen, richtete es mit seiner Prachtseite nicht zur Straße, sondern zur Grube und dem ehemaligen Poeler Tor aus. Durch dieses Tor kamen Fremde und Händler und sahen als Erstes das Haus Schabbells mit dem Volutengiebel, auf dessen Kreissegment-Enden Obelisken und Figuren stehen. Die aufwändigen Rahmungen und variierenden Fensterformen suchen ihresgleichen in Wismar, im obersten Teil des Giebels soll der Hausherr selbst sich verewigt haben. 2010 begannen die Bauarbeiten am und im Schabbellhaus mit seinem stadtgeschichtlichen Museum im Inneren. 2017 soll das aufwändig sanierte und restaurierte Haus mitsamt einer Erweiterung um das Nebengebäude und einer neuen Ausstellung zur Stadtgeschichte eröffnet werden. Der Zeitpunkt wurde immer wieder verschoben. Die Sicherung des Hauses gestaltete sich als schwierig. Dazu kamen Funde wie die einer 44 Quadratmeter großen Deckenmalerei aus der Renaissance unter Putz, die den Baubetrieb natürlich verzögerten.

Blick in das Verfestungsbuch im Museum, in dem ein Eintrag auf den berühmt berüchtigten Störtebeker hinweisen könnte

In der Scheuerstraße reihen sich mehrere Speicher aneinander.

Gleich gegenüber, in der Schweinsbrücke 11, präsentiert sich ein weiterer Volutengiebel. Das Eckhaus hat Strebepfeiler und Stichbogenblenden auf der Grubenseite, in einem der Pfeiler ist die Kopie eines Wappensteins aus Sandstein von 1627 zu sehen. Richtung St. Nikolai folgt der Weg nun der Grube, an der Kirche vorbei bis zur Kreuzung Scheuerstraße. Bereits um 1410 wurde diese Straße urkundlich erwähnt – ihre wertvollen Giebel- und Traufenhäuser spiegeln Stilepochen zwischen Gotik und Klassizismus. Gleich neben dem Eckhaus fällt eine neugotische Fassade des 19. Jahrhunderts ins Auge, ein verputzter Stufengiebel mit Verzierungen und Schmuckelementen in Rosé. Das Holz des Daches stammt aus der Mitte des 17. Jahrhunderts. Vier Häuser weiter finden sich zwei noch unsanierte, aber dennoch beeindruckende Giebelhäuser. Zwischen den einzelnen „Stufen" des rechten Treppengiebels sorgen Viertelkreislünetten für Auflockerung. Zwischen den Lukenreihen blitzen lilienförmige Maueranker in der Sonne, Zieranker datieren die Fassade mit „RA 1662" – ein Neubau aus dem 17. Jahrhundert. Durch die korbbogenartige Toreinfahrt des „Löwe-Speichers" gleich daneben sind sicherlich einst ganze Fuhrwerke gefahren. Darüber liegt die vertikale Achse mit den großen Ladeluken und ein überdachter Kranbalken. Statt Fenstern gibt es im unsanierten Haus bisher nur die Luken als Beispiel dafür, wie auch andere Speicher nach einer modernen Sanierung, Restaurierung und Nutzung als Wohnraum aussahen. In der Mitte des 17. Jahrhunderts wurde das Haus als Dielenhaus zwischen Brandmauern aus dem Mittelalter neu errichtet. Erst Ende des 18. Jahrhunderts wurde ein Speicher aus dem Haus. Die plastisch im

Schmuckportal eines Speichers in der Scheuerstraße

bröckelnden Putz aus dem 20. Jahrhundert hervortretende Inschrift „G. W. Löwe" geht auf einen Wismarer Kaufmann zurück.
Zwei Häuser weiter fällt ein hell gehaltener Giebel mit einer großen Toreinfahrt auf. Ein typisches Dielenhaus mit großer Einfahrt, viel Speicher, Wohnraum und natürlich der wichtigen Aufgabe der Repräsentation. Der Giebel mit seiner Lukengliederung sowie einzelnen Brandmauern entstand um 1300, der Umbau zum Dielenhaus erfolgte 1644. Das Spitzbogenportal mit seiner gestuften Laibung ist mit Pfeilbandornament bemalt. Das hohe Erdgeschoss wird mit einem doppelten Sägezahnfries und Gesimsen zum Obergeschoss abgeteilt, die Lukenreihen in den Obergeschossen sind vertikal durch vorstehende Pfeiler gegliedert.
Das Haus daneben trägt einen einfachen geschweiften Giebel mit Dreiecksbekrönung, einem überdachten Kranbalken und Entladetüren in der Mittelachse. Es wird auf das frühe 19. Jahrhundert datiert. „MHA WH ANNO 1681" steht auf der Fassade der Scheuerstraße 17 mit ihrem roten dreigeschossigen Giebeldreieck und den helleren Untergeschossen und gibt so Aufschluss über das Alter. Untersuchungen des Dachwerkes zeigen: Das Alter stimmt, die Fassade wurde nicht, wie manchmal und nicht nur bei Häusern üblich, optisch verjüngt. Allerdings gibt es auch hier, wie vielfach in Wismar, mittelalterliche Bausubstanz im Inneren.
Weiter geht es links in den Spiegelberg – der Straßename „Spegelberch" taucht bereits um 1250 in den Akten auf. Gleich vis-à-vis warten zwei noch unsanierte Giebelhäuser auf eine gefühlvolle Restaurierung und neue Bewohner. 1622 wurde das Dielenhaus neu erbaut, der leicht ge-

Ein letzter Blick in die Scheuerstraße aus Richtung des Spiegelbergs am Hafen.

schwungene Giebel, so wie er heute zu sehen ist, stammt aber aus dem 19. und 20. Jahrhundert. Gleich daneben steht eines der ältesten Häuser Wismars. Proben aus dem Dach wurden auf 1386/87 datiert. Die Mauerwerksanker zeigen, dass der Giebel 1670 umfassend verändert wurde. Der steil geschweifte Volutengiebel ist wesentlich jünger. Schräg gegenüber erhebt sich einer der schönsten, weil ursprünglichsten Speicher. Ein Dielenhaus aus dem Jahre 1664, wie die Mauerwerksanker verraten. Die Initialen „CV" in den Mauerankern weisen auf den Bauherren, Bürgermeister Caspar Voigt (1627 – 1681) hin. Die Nutzung als Speicher lässt sich an diesem unsanierten Dielenhaus sehr gut ablesen. Im Erdgeschoss die hohe Diele, in der der Händler die Waren vom Fuhrwerk aus annahm und auf die Speicherböden darüber verteilte. Dazu gab es Luken in den Böden und hölzerne Aufzugsräder. Gewohnt hat der Kaufmann nebst Familie und Gesinde auf dem Hof im sogenannten Kemladen, der typisch für viele der ehemaligen Speicher ist.

Ein Pilaster aus der Wasserkunst schmückt den Durchgang des Wassertors.

Mit Blick auf das Wassertor geht der Rundgang weiter Richtung Hafen, zu den größten Speichern. Das Wassertor, 1450 erbaut, ist das letzte von ehemals fünf großen Stadttoren. Die Stadtmauer war bis zu fünf Meter hoch und einen Meter dick. Im 19. Jahrhundert wurden große Teile der Befestigung und die restlichen Tore abgerissen, weil sie der Stadtentwicklung im

Weg waren. Für die Tore gab es im Mittelalter Schließzeiten, um zu kontrollieren, dass niemand nachts in die Stadt gelangte. Wer als Handwerker oder Bauer zu spät zum Tor kam, musste vor der Stadtmauer schlafen. Das Wassertor hat zwei unterschiedliche, spätgotische Giebel. Zur Stadtseite hin zeigt sich ein Treppengiebel mit Zinnen und sechs schmalen Blendbögen, zur Hafenseite hat das Wassertor einen Dreiecksgiebel mit drei breiten Blendbögen. Die beiden Stadtwappen zur Hafenseite sind aus dem 16. Jahrhundert. Im Tor steht ein originaler Hermenpilaster der Wasserkunst.

Links neben dem Wassertor schließt sich ein Teil der wiedererbauten Stadtmauer an – natürlich keine vier Meter hoch. Auch sind die Kanonen davor nur Dekoration.

Vorbei an der Stadtmauer zum Zeughaus. „Wo einst Schweden ihre Waffen stapelten, stehen jetzt die Bücher griffbereit", schrieb Günter Grass im Sommer 2001 und fasste damit die 300-jährige Geschichte der heutigen Stadtbibliothek in Worte. Das Zeughaus gilt als eines der bedeutendsten barocken Relikte schwedischer Militärarchitektur in Deutschland. Die enorme Ingenieursleistung zeigt sich im Inneren des 1700 errichteten Baus. Der Dachstuhl ermöglicht durch seine doppelte Hängekonstruktion ein stützenfreies Obergeschoss. Die Last des Daches ruht alleine auf den Außenmauern – das 60 mal 15 Meter große Obergeschoss benötigt keine sperrigen Pfeiler oder Innenwände. Der Hintergrund für die Schaffung solch eines riesigen Raumes war, das die schwedischen Garnisonen ein neues Waffenlager anlegen mussten, nachdem 1699 ein Gewitter dem bisherigen zum Verhängnis geworden war. Eine durch Blitzschlag verursachte Explosion des Pulverturms zerstörte nicht nur das alte Zeughaus, son-

Das Zeughaus beherbergt neben der Bibliothek auch einen großen Veranstaltungsraum, in dem regelmäßig Lesungen stattfinden.

dern auch viele umliegende Gebäude. Das neue Zeughaus, errichtet vermutlich nach Plänen des schwedischen Festungsbauingenieurs Erik Dahlberg, war so konstruiert, dass das Kriegsgerät, von Pferden gezogen, auf einer schrägen Rampe bis in das Obergeschoss fahren konnte. Der späteren Zerstörung der Wismarer Festungsbauten durch die Dänen entging das Zeughaus, indem Wismarer Bürger es kauften und als Warenlager nutzten. 1934 wurde es für die hiesige Ingenieurakademie umgebaut. 1993 begann die Sanierung und Rekonstruktion.
Von außen fallen im betont langgestreckten, zweigeschossigen und verputzten Backsteinbau die Sandsteinportale auf. Auf der Hofseite schmückt eine Kopie des Wappens Karl XII. das Portal. Das schwe-

Genießer wählen am Lohberg ihren Sitzplatz nach dem Stand der Sonne.

dische Königshaus half, die Wiederherstellung des königlichen Wappens auf dem Hauptportal zu finanzieren.
Zurück Richtung Hafen, entlang der ansatzweise wieder errichteten Stadtmauer, kommt das rote, windschiefe „Gewölbe" in Sicht (vgl. S. 62). Dahinter erstreckt sich bis zum Wassertor der „Lohberg" als ein besonders schöner Straßenzug. Das Giebelhaus gleich an der Ecke ist das letzte Brauhaus Wismars. Das Holz des Daches datiert von 1409, Proben im Keller deuten auf das Ende des 17. Jahrhunderts und auf eine Sanierung oder einen Umbau. Die Ausfachungen im Fachwerkhaus sind teilweise sehr dekorativ gehalten, seit 1995 wird im Haus wieder Bier gebraut.
Gegenüber dem Wassertor markiert das ehemalige Zollhaus aus den 1890er-Jahren mit seiner neogotischen Fassade und dem Staffelgiebel den Beginn des Hafens. Ein Hauch Hamburger Speicherstadt – die Spei-

cher am Alten Hafen sind vergleichsweise jung. Der erste auf dem Weg zur Hafenhalbinsel ist der älteste von ihnen. 1862 ließ ihn der wohlhabende Kaufmann und Reeder Johann Christian Thormann erbauen, die Jahreszahl und seine Initialen sind mit scharfem Auge noch abzulesen. 31 Jahre später übernahm die Getreidehandelsfirma G. W. Loewe den Speicher. Das gelbe Schriftfeld am Haus – „Arbeitsschutz geht alle an" – zeigt, dass er zu DDR-Zeiten noch genutzt wurde. Etwas dahinter steht der „Löwe-Speicher/Silo I" von 1935, der bereits drei Jahre später vergrößert wurde. Dank Sauganlage und horizontaler Förderanlage konnte das Getreide der Schiffe gelöscht werden, egal in welchem der beiden angrenzenden Hafenbecken sie lagen. Den fünfgeschossigen Bau neben dem Löwe-Speicher ließ 1967 der VEB Getreidewirtschaft – VEB steht für „Volkseigener Betrieb" – als Sozialgebäude errichten.

Der nächste Speicher ist der „Kruse-Speicher/Silo II" von 1940. Die Firma Peter Kruse war eigentlich in Kappeln an der Schlei ansässig und handelte auch in Wismar mit Waren für den landwirtschaftlichen Bedarf. Im Speicher gibt es 32 Siloschächte mit jeweils 200 Kubikmetern Volumen. Machte zusammen 6 400 Kubikmeter Getreide, wenn der Speicher bis obenhin voll war. 34 Meter hoch ist der „Ohlerich-Speicher/Silo III" daneben, eine verklinkerte Stahlbetonkonstruktion. 1938 ließ der Schweriner Kaufmann Paul Ohlerich das Gebäude bauen.

Die Speicher zeigen, wie sehr sich die Technik und damit auch die Architektur in den vergangenen Jahrzehnten verändert und weiter-

Situation vor Beginn der Sanierungsarbeiten an den Speichern.

entwickelt hat. Während im Thormann-Speicher, wie auch bei den Speichern der Hansekaufleute, noch umständlich die Waren auf einzelne Speicherböden transportiert wurden, nutzen die jüngeren Speicher am Hafen die Silotechnik, auch weil dank der Entwicklung des Baustoffs Stahlbeton schneller und mit mehr Volumen gebaut werden konnte.

Derzeit stehen die vier Speicher und das Sozialgebäude leer und unter Denkmalschutz, Ideen für eine Nutzung gab es einige, umsetzbar oder finanzierbar war bisher keine. Nur zwei der alten Getreidespeicher im Wismarer Hafen haben eine neue Bestimmung. Ein ehemaliger Staubsilo wurde zum modernen Haus mit stilvollen Ferienappartements. Aus dem Speicher auf der anderen Kaiseite, Baujahr 1920, wurde ein Wohnhaus.

An der Spitze der Landzunge, sozusagen kurz vor dem Wasser, steht das Baumhaus. Der Name leitet sich ab von dem langen Baumstamm, der früher die Einfahrt in den Hafen über Nacht versperrte. Der letzte Hinweis, dass so der Hafen verschlossen wurde, stammt aus dem Jahre 1766. Um 1780 wurde das freistehende, zweigeschossige Haus erbaut, es ist das älteste erhaltene Wismars außerhalb der Altstadt. Seine backsteinsichtigen Fassaden sind schlicht gehalten, das Mansarddach und die durch Rahmungen hervorgehobenen Eingänge wirken elegant. In der Diele des Erdgeschosses zeigt eine mechanische Windrose an der bemalten Holzbalkendecke die Windrichtung an. Das Haus wird als Galerie mit monatlich wechselnden Ausstellungen genutzt.

Was gibt es Schöneres, als nach einem langen Stadtspaziergang an der Kaikante die Füße und damit auch die Seele baumeln zu lassen? Vielleicht mit einem Fischbrötchen in der Hand oder einem leckeren Eis?

Die Schwedenköpfe vor dem Baumhaus markierten einst die Hafeneinfahrt.

WISMAR IST FILMSTADT! 1921 drehte Friedrich Wilhelm Murnau eine seinerzeit nicht autorisierte Verfilmung des Romans „Dracula" von Bram Stoker: „Nosferatu - eine Sinfonie des Grauens" ist ein Grundstein im Genre des Horrorfilms. Nur der Stummfilm „Frankenstein" ist noch zehn Jahre älter. Die Stadt „Wisborg" ist die Hansestadt Wismar - im Film gut wiederzuerkennen, da sich viele Kulissen bis heute unverändert erhalten haben. Bis auf das erste Bild - der Blick vom Dach der Marienkirche auf den Markt. Gedreht wurde im Hof der Heilig-Geist-Kirche, vor und auf der Marienkirche sowie am Wassertor.

1986 drehte Bernhard Wicki in Wismar die Literaturverfilmung „Sansibar oder der letzte Grund", zwei Jahre später gab es einen „Polizeiruf 110" von hier. Die Fernseh-Polizei ist der Stadt treu geblieben - seit 2004 wird die ZDF-Krimiserie „SOKO Wismar" ausgestrahlt und auch im Auftrag des Norddeutschen Rundfunks wurde bereits im Hafen ermittelt.

Und nicht zuletzt ist Wismar Sitz des Landesfilmbüros. Nähere Informationen hierüber gibt es unter www.film-mv.de.

WISMAR WAR EINST DIE GRÖSSTE FESTUNG EUROPAS! Nach dem Ende des Dreißigjährigen Krieges wird Wismar zusammen mit Poel und Neukloster Teil des schwedischen Königreiches. Die Schweden bauen die Stadt zur größten Festung Europas aus. Im nordischen Krieg erobern dänische, hannoversche und preußische Truppen 1715/16 Wismar und bestehen auf die Zerstörung der Festungsanlagen, damit die Schweden sich nicht wieder „verschanzen".

WISMAR IST SEEBAD! Zumindest sein Stadtteil Wendorf. Ein findiger Schiffszimmerermeister war 1820/21 darauf aufmerksam geworden, dass das Baden in der Ostsee immer beliebter wurde. Um nach damaligen Moralvorstellungen die Menschen und ihre Blöße zu schützen, baute er den Badenden ein Boot, von dem aus sie - durch Vorhänge geschützt - ins Wasser gleiten konnten. Die Seebrücke am Wendorfer Strand - sie ist 350 Meter lang und ein schöner Aussichtspunkt - wurde 1993 neu erbaut.

WISMAR IST WELTKULTURERBE! 2002 erfolgte eine gemeinsame Aufnahme der Altstädte Wismars und Stralsunds in die UNESCO-Welterbeliste. Den Ausschlag dafür gab, dass sich in beiden Städten die mittelalterlichen Grundrisse der Zentren nahezu unverändert erhalten haben.

März:

HERINGSTAGE Wenn die Heringssaison auf ihrem Höhepunkt ist, kommt in den Wismarer Restaurants (fast) nur noch das „Silber des Meeres" auf den Tisch. Die beteiligten Restaurants bieten unter Federführung des Wismarer Köcheclubs ausgefallene und traditionelle Heringsgerichte an. Die Rezepte sind jedes Jahr neu, bis auf den Klassiker: gebratener Hering mit Bratkartoffeln.

HANSESCHAU Anfang März lockt die größte Verbrauchermesse Mecklenburg-Vorpommerns etwa 40 000 Menschen in die Ausstellerzelte am Bürgerpark nahe des Tierparks.

Juni:

HAFENTAGE Das traditionsreiche Fest im Alten Hafen zieht jährlich Tausende Einheimische und Gäste an. Eröffnet wird es mit dem „Fassumzug" zur Erinnerung an den einstigen Bierreichtum Wismars. Traditionssegler laden zum Törn, dazu gibt es auf mehreren Bühnen Livemusik. Die Segler kämpfen jedes Jahr aufs Neue bei der Fassregatta um ein hochprozentiges Schnapsfass. 1992 wurden zum ersten Mal die Hafentage gefeiert. Anlass war die Privatisierung des Hafens im Jahr 1991 – vorher war er ein VEB, ein „Volkseigener Betrieb".

Juli:

PÖTTERMARKT An einem Wochenende im Juli treffen sich Töpfer und Keramiker aus ganz Deutschland vor der Wismarer Nikolaikirche und bieten bei Livemusik ihre Waren feil.

Juli/August:

BOULEVART ODER CIOFF Jeden Sommer gibt es große kulturelle Höhepunkte in Wismar. Im Juli und August laden die Festspiele Wismar in der St.-Georgen-Kirche zu klassischen Theaterinszenierungen wie Faust oder Jedermann. Karten dafür gibt es unter www.festspiele-wismar.de. Alle zwei Jahre – üblicherweise das gerade Kalenderjahr – wird Wismar besonders bunt. Beim Straßentheaterfestival BoulevART wird die ganze Stadt zur Bühne, auf öffentlichen Plätzen treten Gruppen aus aller Welt auf und leben den Gedanken der Inklusion.
SCHWEDENFEST Jedes Jahr im August ist Wismar wieder ganz in der Hand der schwedischen Truppen. Dann erinnert die Stadt mit einem großen Fest, einem Schwedenlager auf dem Marktplatz, viel

BoulevART

Hafentage

Rummel und zahlreichen, nicht immer schwedischen Veranstaltungen an ihre rund 150-jährige Schwedenzeit und die Rückkehr zu Mecklenburg.

September/Oktober:

CAMPUS-OPEN-AIR ZUM SEMESTERSTART Große Bands auf der großen Bühne – die neuen Studenten an der Wismarer Hochschule werden jedes Jahr ordentlich begrüßt. Zum Campus-Open-Air sind natürlich nicht nur Studenten eingeladen.
Mehr Infos: www.hs-wismar.de

November:

HONKEY TONK Das Honkey Tonk ist eine extralange Kneipennacht mit viel Musik. Das Konzept, zum Honkey Tonk durch die Knei-

Während des Schwedenfestes im August gibt es eine Vielzahl historischer Kostüme zu bestaunen.

Zu den Hafentagen kommen Traditionssegler und Schiffe aus aller Welt.

Honkey Tonk im November

Der Tipp für Wismarbesucher im November: An einem Freitag und Samstag jeweils finden Lasershows in St. Georgen statt – die „Novemberlichter".

pen zu ziehen und überall andere Musik und andere Menschen zu treffen, gibt es mittlerweile in vielen Städten. In Wismar ist es besonders schön – weil die Wege kurz und die Kneipen kultig sind.

NOVEMBERLICHTER An einem Freitag- und Samstagabend im November laden die Wismarer Stadtwerke zu den „Novemberlichtern" mit thematischer Stadtführung. Die endet in St. Georgen mit einer bewegenden Lasershow.

Dezember:

WEIHNACHTSMARKT Wer ihn einmal erlebt hat, weiß: Der Wismarer Weihnachtsmarkt ist einer der schönsten im Land. Er ist nicht besonders groß, nicht übermäßig „weihnachtlich" und hat auch keine besonderen Angebote, aber er verbreitet mit dem beleuchteten Rathaus, den schönen Fassaden der Häuser und der Wasserkunst ein besonderes Flair. Den Markt eröffnet traditionell kein Geringerer als der Weihnachtsmann. Er kommt mit seinen Engeln per Schiff im Wismarer Hafen an, fährt dann mit der Kutsche und Hunderten Kindern im Gefolge durch die Stadt zum Marktplatz und verteilt unterwegs fleißig Süßigkeiten.

In Wismar

Die telefonische Vorwahl von Wismar ist 0049 (0)3841.

FREIZEITBAD „WONNEMAR“ Nicht nur bei Schlechtwetter lässt es sich hier gut planschen und schwimmen. Auf über 15 000 m² findet man Rutschenturm, Sportschwimmbecken, Außenbecken mit Strömungskanal, Wellenbad und ein extra Becken für kleine (Nicht-) Schwimmer, dazu mehrere Saunen mit Ruhezonen und Wellnessangeboten.
Tel.: 32760, www.wonnemar.de

BÜRGERPARK 30 Gehminuten von der Altstadt entfernt, ist der Bürgerpark Naherholungsgebiet und lohnenswertes Ausflugsziel. Hier fand 2002 die Landesgartenschau statt. Der Tierpark, die Technikschau und die Bauernscheune sind in den Bürgerpark eingebettet – kostenfreie Parkplätze stehen ausreichend zur Verfügung.

TIERPARK MIT BAUERNSCHEUNE Südwestlich der Wismarer Altstadt erstreckt sich der Wismarer Tierpark. Hier tanzen die Mäuse in der Küche! Keine Angst, die Mäuseküche ist nur ein witziges Gehege mit Küchenregal und allem, was auf den gesunden Mäuse-Früh-

Kattas gehören zu den beliebtesten Attraktionen des Wismarer Tierparks.

stückstisch gehört, vor Mitessern schützen Glasscheiben. Weit näher können die Besucher den lustigen Nasenbären kommen, die an dicken Seilen über die Besucherwege klettern. Frettchen, eine Straußenfamilie, Schafe, Ponys, Esel, Hängebauchschweine und eine Kuh gibt es ebenfalls zu erleben, dazu Kaninchen, Meerschweinchen und einiges mehr. Publikumslieblinge sind die Katta-Äffchen, die so zutraulich sind, dass sie den Menschen sehr nahe kommen. Neben den Tiergehegen warten auf kleine Abenteurer noch große Spiellandschaften mit Tarzanschwinger und Wasserspielgeräten, Flößen und Booten, Seilbahnen und Kindereisenbahn – auch Eltern können mitspielen.
Tel.: 3273-0, www.tierpark-wismar.de
Direkt neben dem Tierparkgelände liegt die Bauernscheune als überdachter Spielplatz und Café. Der Eintritt in dieses Bürgerzentrum der Wismarer Wohnungsbaugesellschaft ist kostenfrei.
Tel.: 3273571, www.bauernscheune-wismar.de

PHANTECHNIKUM Hat Feuer einen Schatten? Gibt es Wände aus Luft? Kann man Erde schmelzen? Wie kann man übers Wasser gehen? – diese und viele Fragen mehr zu den Elementen Feuer, Wasser, Erde und Luft beantwortet das Technikmuseum. So macht Physik nicht nur (Schul-) Kindern Spaß – mit vielen Mitmachstationen wie der riesigen Seifenblase oder dem Propellerkarussell beispielsweise wird Technik erklärt und der Forschertrieb geweckt. Wie funktioniert eine Dampfmaschine, wieso können Flugzeuge fliegen und wieso kann es auch die Hummel? Ein Ausflugstipp nicht nur für Regentage! Zieladresse fürs Navi: Zum Festplatz 3.
Öffnungszeiten und mehr unter www.phantechnikum.de, mit Glück kann man im Labor spannende Vorführungen erleben.

INDOORSPIELPLATZ „MUMPITZ" Auf Socken ins überdachte Abenteuer! Einmal als Tarzan oder Jane im riesigen Dschungellabyrinth über – gut gesicherte – Abgründe schwingen und im quietschbunten und auch elterntauglichen Kletterparadies über drei Etagen den Weg zur riesigen Wellenrutsche finden oder Mut beweisen und den rauchenden Vulkan erklettern. Alles möglich im Indoor-Spielpark „Mumpitz" in Wismar-Dammhusen.
Tel.: 229667, www.mumpitz-wismar.de

SPIELPLÄTZE Die Altstadt hat einige schöne Spielplätze zu bieten. Einer der schönsten, dazu noch eingezäunt und mit Extra-

PHANTECHNIKUM in Wismar

Geräten für die Kleinen, liegt in der Neustadt, gegenüber dem Hof der Heilig-Geist-Kirche. Im Lindengarten gibt es einen großen Platz mit einer hohen Rutsche. Ein weiterer in der Dr.-Leber-Straße ist eher etwas für ältere Kinder. Direkt neben der Nikolaikirche findet sich ein kleiner Spielplatz mit futuristischer Schaukel.

INS UND AUFS WASSER Direkt in Wismar gibt es einen Badestrand. An der Wendorfer Seebrücke – zehn Minuten mit dem Auto von der Altstadt entfernt, gute 30 mit dem Fahrrad. Schneller geht es über das Wasser. Die Adler-Schiffe bieten direkt vom Alten Hafen aus Hafen- und Seerundfahrten, fahren nach Poel oder zur Wendorfer Seebrücke zum Baden. Zeiten und Preise gibt es auch online unter www.adler-schiffe.de. Ein besonderes Erlebnis sind natürlich die Segeltörns mit den Traditionsseglern. Der elegante Zweimaster QUALLE ist mit seiner Mannschaft Kult. 1930 wurde das Schiff als Frachtensegler in der Ägäis gebaut und 1970 zum Schoner umgebaut (www.ss-qualle.de). Größer ist die ATALANTA, der Lotsenschoner ist 36 Meter lang und wurde 1901 auf der Peterswerft in Wewelsfleth gebaut. Einhundert Jahre später wurde das Schiff restauriert zum Jugendschiff (www.ss-atalanta.de). Größtes Schiff im Wismarer Hafen ist die Poeler Kogge WISSEMARA (www.poeler-kogge.de) – der Nachbau einer mittelalterlichen Kogge ist sogar Außenstelle des Wismarer Standesamtes! Das Schiffswrack, das als Vorlage für den Nachbau diente, gibt den Forschern Rätsel auf. 1999 wurde ein spektakulär gut erhaltenes Schiffswrack vor der Insel Poel gefunden, erste Untersuchungen datierten das Holz auf das Jahr um 1354, neuere auf die Zeit um 1773 – also außerhalb der hansischen Koggenbauzeit.

RUNDFLÜGE Rundflüge über Wismar, die Wismarer Bucht und die Umgebung sind besonders zur Rapsblüte ein beeindruckendes Erlebnis. Der Sportflugplatz Müggenburg liegt nur wenige Kilometer nördlich von Wismar, Tel.: 283880, www.flugplatz-wismar.de

Wer nicht gleich ein Flugzeug besteigen will, hat die Möglichkeit, von den Kirchen aus auf Wismar zu blicken. St. Georgen bietet den bequemen Weg. Mit dem Fahrstuhl geht es hoch zur Aussichtsplattform. Der Blick über die Altstadt aus 34 Metern Höhe ist überwältigend! Mit Glück sieht man die Kogge unter Segel in den Hafen einlaufen. Vergleichsweise bequem ist der Aufstieg in den Turm der

St.-Marien-Kirche. Bis zum Glockenstuhl kommen die Besucher in die Höhe und dürfen durch die Fensteröffnungen auf die Stadt blicken. Übrigens: Wer sich den Aufstieg nicht zutraut, der kann den Blick von Oben auf ein taktiles Modell des gotischen Viertels vor der St.-Marien-Kirche werfen, allerdings in der Form, wie es sich um 1880 präsentierte. Auch in St. Nikolai gibt es die Chance, in den Dachstuhl und auf die Gewölbe der Kirche zu steigen. Die Stufen sind eine Herausforderung, man wird belohnt mit einem beeindruckenden Blick in die Kirche und natürlich über Wismar.

WEITERE MUSEEN Direkt neben St. Nikolai ist im historischen Haus das stadtgeschichtliche Museum Wismars, das „Schabbellhaus" zu finden. Das Haus wird seit 2010 aufwändig restauriert und saniert, nach seiner Fertigstellung sollen dort wieder Dauerausstellungen zur Wismarer Geschichte von den Anfängen über die Hansezeit bis zur Wende gezeigt werden. Im 2014 neu eröffneten Welt-Erbe-Haus in der Lübschen Straße wird einiges zur Wismarer

Gemälde im Welt-Erbe-Haus in der Lübschen Straße

Geschichte sichtbar. Das Haus selbst ist steinerne Geschichte. Es entstand um 1350 an einem bedeutenden Handelsweg durch Wismar. Je nach Eigentümer veränderte es sich in den Jahrhunderten, vom einstigen Dielenhaus eines Händlers wurde es zum Wohnhaus eines Bürgermeisters, zum Restaurant mit Ausstellung und zum „Haus der Kultur" des Kulturbundes der DDR. Nun wurde das Gebäude-Ensemble zum Welt-Erbe-Haus und zur Touristenformation, im Erdgeschoss informiert die UNESCO beispielhaft über das Thema Welterbe,

Hörstationen informieren über die Geschichte Wismars. Im Kemladen ist historische Bemalung erhalten, im Obergeschoss der Tapetensaal. Der Eintritt zur Ausstellung ist frei, um Spenden wird gebeten. Öffnungszeiten Welt-Erbe-Haus und Touristenformation: April bis September täglich von 9 bis 17 Uhr, Oktober bis März täglich von 10 bis 16 Uhr, www.schabbellhaus.de.

Im **Rathauskeller** – Ostseite des Rathauses – werden „Bilder einer Stadt" gezeigt. Der Keller ist mit seinem Kreuzrippengewölbe und der Größe von etwas über 900 Quadratmetern eine der größten mittelalterlichen Kelleranlagen Norddeutschlands. Die Ausstellung gibt einen kleinen Einblick in Wismars Stadtgeschichte, dabei ist die Kelleranlage mit ihren mittelalterlichen Wandmalereien das eigentliche Schaustück. Der Eintritt ist frei, um Spenden wird gebeten. Öffnungszeiten dienstags bis samstags von 10 bis 16 Uhr.

Im St. Marienkirchturm gibt es eine interessante Ausstellung, **„Wege zur Backsteingotik"**. Im 3D-Film erklärt der sympathische „Bruno Backstein", wie es auf einer mittelalterlichen Kirchenbaustelle zuging. Der Zuschauer ist mit der 3D-Brille auf der Nase dabei, wenn die Marienkirche virtuell entsteht, von der Vermessung des Bauplatzes bis zur Herstellung der Backsteine, vom Bau der Gerüste bis zum Mauern der Gewölbe. Der Eintritt ist frei, es wird aber wie in allen anderen Kirchen um eine Spende zum Erhalt der Kirche gebeten (vgl. S. 52).

Ein „prickelndes" kleines Museum ist im Turnerweg zu finden, fünf Minuten vom Marktplatz entfernt in der nördlichsten **Sektkellerei** Deutschlands. Im historischen Keller am Rande der Altstadt – er stammt zum Teil aus dem 17. Jahrhundert – entsteht prämierter Sekt

Sektkellerei am Turnerweg

im Flaschengärverfahren (Champagnerverfahren). Führungen und Verkostungen gibt es ab zehn Personen.
Tel.: 4848-12, www.hanse-sektkellerei.de Den Sekt der Kellerei gibt es natürlich vor Ort zu kaufen, eine Kogge ziert die meisten Etiketten. Ziemlich klein sind die Ausstellungsstücke in der Weberstraße, dafür gibt es dort eine halbe Million Exponate zu sehen. Es geht um Knöpfe. In der Weberstraße, unweit von St. Nikolai, gibt es ein **Knopfmuseum**. Bernsteinknöpfe, alte Knochenknöpfe, Knöpfe aus einem dicken Schneckengehäuse geschnitzt, aufwändig bemalte Biedermeierporzellanknöpfe oder sehr schöne Art-Déco-Knöpfe, aus Pappmaché, Holz oder Kasein finden sich in der privaten Sammlung. Jeden Dienstag von 11 bis 18 Uhr hat das Knopfmuseum in der Weberstraße 18 geöffnet, ansonsten nach Absprache unter Tel. 284972. Der Eintritt kostet zwei Euro oder 20 Knöpfe.

GALERIEN Die Gemeinschaft Wismarer Künstler und Kunstfreunde hat hinter dem Rathaus ihre Galerie – die **„Galerie Hinter dem Rathaus“** mit monatlich wechselnden Ausstellungen.
Tel./Fax: 226062, www.galeriewismar.de
Direkt am Hafen gibt es die Galerie **„Baumhaus“**, ebenfalls mit wechselnden Ausstellungen.
Tel.: 251-4013
Auch in der Gerichtslaube im Rathaus finden regelmäßig Ausstellungen statt. Die Galerie von Kristine Hamann an der Nikolaikirche zeigt zeitgenössische Kunst mit oft sehr bekannten Namen. Die Öffnungszeiten und Informationen über aktuell gezeigte Kunst gibt es unter www.kristinehamann.de.
Eine kleine **Ateliergalerie** befindet sich in der Bliedenstraße 36.
Tel.: 212640 und 283880

In der Umgebung

DIE BESTEN STRÄNDE Kindgerechte, flache und relativ steinfreie Strände gibt es auf der Insel Poel, nördlich von Wismar, und in der Wohlenberger Wieck, westlich der Stadt. Auch in Boltenhagen und Rerik sind die Strände gepflegt und familiengerecht – Kleingeld fürs Parken und für die Kurtaxe benötigt man fast überall. Nacktbadestrände (FKK) gibt es z. B. in Wangern auf der Insel Poel und in Boltenhagen.

NEUKLOSTER Etwa 20 km östlich von Wismar liegt die Kleinstadt Neukloster, benannt nach dem Benediktiner-Frauenkloster „St. Maria im Sonnenkamp". Einen Besuch wert ist die um 1219 erbaute Klosterkirche. Sie hat die zweitältesten farbigen Kirchenfenster Nordeuropas. Der ehemalige Klostergarten, Außenstelle der Bundesgartenschau 2009 in Schwerin, ist sehenswert.
Zehn Meter hoch hinaus geht es im Hochseilgarten von Neukloster – eine Herausforderung! Nach so viel Anstrengung kann man sich im herzförmigen, 2,6 m^2 großen Neuklostersee erholen, dort gibt es eine Badeanstalt und eine Liegewiese.
Tel.: 038422-25482

DORF MECKLENBURG Das Dorf zwischen Wismar und Schwerin war einst Herrschaftssitz. Bereits im Jahre 965 wurde die slawische Burganlage „Mikelenburg" erstmals erwähnt. Die alte Burg wurde 1256 abgerissen – man verwendete das Material für den Bau des fürstlichen Schlosses in Wismar.
Ausgrabungen und archäologische Untersuchungen haben gezeigt, dass die Burg im fünften Jahrhundert entstanden ist. Sie war der Hauptsitz der von dem Fürsten Niklot und seinem Sohn Pribislaw abstammenden Fürsten und Herzöge von Mecklenburg. Die Burg war Namensgeberin für das aus dieser Besiedlung entstandene Dorf und schließlich für das ganze Land. Auf dem Friedhof des Dorfes ist noch die Ringanlage der ehemaligen Burg zu sehen.
Die schlichte Backsteinkirche des Dorfes stammt aus dem 13. Jahrhundert, die 1849 erbaute Sockelgeschoss-Holländerwindmühle ist Hotel und Restaurant. Einen Besuch wert ist das Kreisagrarmuseum, es zeigt u.a. Exponate zur Landtechnik sowie zur Haus- und Hofwirtschaft.
Tel.: 790020 (mit Wismarer Vorwahl)

STERNWALLANLAGEN KIRCHDORF In der Wismarer Bucht liegt die Insel Poel, deren größter Ort Kirchdorf ist. Die im romanisch-gotischen Stil erbaute Inselkirche aus der ersten Hälfte des 13. Jahrhunderts ist schon von Weitem zu sehen. Das Grün ringsumher verdeckt einen Teil der Geschichte Poels: Die Kirche ist teilweise von Resten der sternförmigen Wallanlagen der ehemaligen Festung Poel umgeben, die gemeinsam mit der Insel Walfisch die Wismarer Bucht und die Hafeneinfahrt nach Wismar sicherte. Poel ist immer einen Ausflug wert, sei es zum Baden oder um die Insel zu entdecken. Mehr Informationen finden sich im Internet unter www.insel-poel.de.

Kreisagrarmuseum in Dorf Mecklenburg

VOGELSCHUTZINSEL LANGENWERDER 20 Hektar groß – je nach Wasserstand – ist die Vogelschutzinsel Langenwerder vor der Nordküste der Insel Poel. Eigentlich ist sie für den öffentlichen Besucherverkehr gesperrt, aber von August bis Oktober gibt es fachkundige Führungen über die Insel. Nur in der Brutzeit im Frühjahr ist ein Besuch absolut tabu. Ausgehend vom Poeler Ort Gollwitz kommt man am besten zu Fuß ans Ziel – das Wasser reicht je nach Windrichtung höchstens bis zu den Knien. Langenwerder ist das älteste Seevogelschutzgebiet Mecklenburgs. Hier leben mehr als 10 000 schwimmende und fliegende Vögel, vom Höckerschwan bis zum Austernfischer. Im warmen Winter von 1926/27 soll es auf der Insel sogar Flamingos gegeben haben. Anmeldungen zu den erwähnten Führungen durch das Vogelschutzgebiet registriert die Poeler Kurverwaltung. Diese ist telefonisch unter der Nummer 038425-20347 zu erreichen.

STEINZEITDORF KUSSOW Eine Reise 6 000 Jahre zurück können Kinder und Erwachsene im Steinzeitdorf Kussow, 33 km in Richtung Grevesmühlen westlich von Wismar, erleben. Nach archäologischen Funden wurden Häuser aus der Jungsteinzeit rekonstruiert und ein Garten mit alten Getreidesorten angelegt. Junge Entdecker können selbst ausprobieren, wie die Menschen damals getöpfert oder Wolle verarbeitet haben.

Öffnungszeiten: **1. April – 31. Oktober:** Mo – Fr 9 – 18 Uhr, Sa, So, Feiertage 10 – 18 Uhr; **1. November – 31. März:** Mo – Do 9 – 15 Uhr, Fr, Sa, So, Feiertage geschlossen

Etwas genauer muss man die Hünengräber im EVERSTORFER FORST suchen, an beiden Seiten der B 105 zwischen Wismar und Grevesmühlen beim Kilometerstein 14,8. Dort warten 18 Grabstellen aus der Jungsteinzeit (4500 – 1800 v. Chr.) auf Entdeckung, darunter das 40 m lange „Riesengrab" aus 50 gewaltigen Steinen – eines der schönsten Großsteingräber Mecklenburgs. Im sogenannten Teufelsbackofen sollen die Riesen aus dem Riesengrab ihr Brot gebacken haben – dort liegt ein großer steinerner Deckel auf zwei Steinen.

INDOORSPIELPLATZ POELER PIRATENLAND Das Poeler Piratenland bietet Familien bei schlechtem Wetter auf über 800 m^2 Hallenfläche eine schöne Alternative zum Strand. Zu den Attraktionen zählen ein großer Kletterturm mit einer acht Meter hohen Rutsche, eine Kinder-Kartbahn und ein großes Trampolin. Zudem verfügt das Piratenland über einen separaten Kleinkindbereich.
Insel Poel/Schwarzer Busch, Sonnenweg 15
Tel.: 038425 – 429 00, www.poeler-piratenland.de

Hafen von Kirchdorf auf Poel

Nützliche Internetadressen:
www.mecklenburg-vorpommern.de
www.auf-nach-mv.de
www.m-vp.de
www.camping-caravan-mv.de
www.wismar.de

Die Vorwahl von Wismar ist 0049 (0)3841.

Tourist-Information in der Lübschen Straße 23a : 22529 - 121
Stadtführungen: 22529 - 123
Zimmervermittlung: online unter www.wismar.de/Tourismus/Zimmerbuchung_online
Hanse-Klinikum Wismar: 330
Hauptpost: Mecklenburger Straße, direkt am Markt

Eine öffentliche Toilette befindet sich im Keller neben dem Stadthaus am Markt. Dazu gestatten Cafés i.d.R. gegen ein kleines Entgelt die Toilettenbenutzung. Im Karstadthaus gibt es einen Wickeltisch,

Nächtliche Stadtführung

eine schöne Wickelmöglichkeit offeriert auch das Café „Alte Löwenapotheke" in der Krämerstraße. Außerdem können volle Windeln im Warenhaus „C&A" hinterm Rathaus und im Hotel Stadt Hamburg direkt am Markt gewechselt werden, dort gibt es Wickeltische.

ÜBERNACHTUNG Als beste Häuser in der Altstadt sind das City Partner Hotel „Alter Speicher" in der Bohrstraße (Tel.: 211746, Fax: 211747, www.hotel-alter-speicher.de) und das „Steigenberger Hotel Stadt Hamburg" direkt am Markt (Tel.: 239-0, Fax: 239-239, www.wismar.steigenberger.de) mit jeweils vier Sternen zu nennen. Das Hotel „Altes Brauhaus" (Tel.: 211416, Fax: 211418, www.brauhaus-wismar.com) in der Lübschen Straße gehört zu den besten 500 Hotels Deutschlands 2008. Das Restaurant „Zum kleinen Mönch" im Haus ist empfehlenswert.

Zwei urige Geheimtipps zum Übernachten gibt es am Alten Hafen. Direkt auf der dortigen Halbinsel fällt zwischen Wasser und Speichergebäuden ein restauriertes Staubsilo auf. Das alte Silo ist zum stilvollen Appartementhaus mit drei separaten Ferienwohnungen geworden, mit Blick aufs Wasser und die Altstadt. Tel.: 200655, www.chaletnautique.com. Und auch dort, wo früher die Ratsherren den im Hafen ankommenden Wein ausgiebig gekostet haben, bevor er in der Stadt verkauft werden durfte, kann nun übernachtet werden. Das leuchtend rote, windschiefe Fachwerkhaus „Altes Gewölbe" bietet drei Ferienwohnungen. Diese können über das „Restaurant und Hotel Wismar" – eines der schönsten Häuser Wismars mit langer Hoteltradition – gebucht werden. Tel.: 227340, Fax: 227342-22, www.hotel-restaurant-wismar.de.

Flair und Leben des Alten Hafens begegnet man im „Hotel New Orleans" Tel.: 2686-0, Fax: 2686-10, www.hotel-new-orleans.de.
Essen und trinken wie in den USA kann man in der Bar und im Restaurant des Hauses – die Cocktails haben es in sich! Es gibt aber auch alkoholfreie Variationen.

Sehr stilvolle Appartements gibt es unweit des Alten Hafens im Gasthaus „To'n Zägenkrog" am Ziegenmarkt. Tel.: 282716, www.ziegenkrug-wismar.de. Erwähnenswert ist das „Bio Hotel Reingard" in der Weberstraße, zwischen Marktplatz und Nikolaikirche. Tel.: 284972, Fax: 213495, www.reingard.de.

Die Wismarer Jugendherberge ist nicht in der Altstadt, sondern unweit des Tierparks am Friedenshof im Juri-Gagarin-Ring zu finden. Tel.: 3268-0, Fax: 326868, www.djh-mv.de

Das neue WONNEMAR Resort-Hotel bietet einen direkten Zugang zum Freizeitbad.

RESTAURANTS Was isst man in Wismar? **Fisch** natürlich! Den besten gibt es entweder frisch aus der Ostsee oder im Restaurant „Poeler Dampfer" des Gasthauses „To'n Zägenkrog" am Ziegenmarkt, direkt am Alten Hafen.

Ebenfalls auf Fisch hat sich das „Hotel und Restaurant Wismar" in der Breiten Straße – drei gemütliche Gehminuten entfernt – spezialisiert. Dort gibt es den original Wismar'schen Spickaal: geräucherten Aal mit Brot und Butter.

Im „Zägenkrog": Dorsch unter der Kartoffelkruste mit den verschiedensten Soßen, am besten in großer Runde essen!

Ein **Biorestaurant** ist im Herzen der Altstadt zu empfehlen. Das „Avocados", direkt neben Nikolaikirche und Schabbellhaus, bietet vegetarische Küche aus kontrolliert biologischem Anbau mit Produkten der Region.

Pizza, Pasta & Co. gibt es im Restaurant „Rialto" in der Dankwartstraße, wenige Gehminuten vom Marktplatz entfernt; das Restaurant und Eiscafe „Il Casale" ist direkt am Alten Hafen im ehemaligen Zollhaus zu finden. Wandmalereien schaffen hier sizilianische Atmosphäre. Für den kleinen Hunger zwischendurch bietet das Croque Bistro in der Breiten Straße französische Crèpes und leckere Croques. Für den schnellen Hunger sei das Suppengrün in der Dankwartstraße empfohlen, jeden Tag gibt es verschiedene Suppen und mehr aus aller Welt für ein kleines Geld.

CAFÉS Wismar hat viele schöne Cafés, einige davon fallen durch ihren herrlichen Kaffee oder die Atmosphäre auf. Eines der schönsten ist in der Alten Löwenapotheke. Mit viel Liebe zum Detail wurde das Café ins historische Ambiente eingefügt – einfach gemütlich. An der Nikolaikirche locken zwei sehr verschiedene Cafés – das Café Glücklich mit Landhausstil und Torten zum Verlieben, das Café Sinnenreich mit einem Flair zwischen Kunst und Büchern. Den frischesten Kaffee – meist ohne Kuchen – gibt es bei den beiden Kaffeeröstereien der Stadt. Einmal direkt am Brunnen in der Krämerstraße, dann in der Sargmacherstraße direkt auf dem Weg vom Markt zum Marienkirchturm. „Richtig gut Eis essen kann man beim Eisitaliener „Da Riccardo" in der Hegede und am Hafen im Wassertor. Auch direkt am Hafen lockt italienisches Eis.

Ein uriger Geheimtipp ist „Werners Eisstube" in der Mecklenburger Straße, gegenüber der Post. Dort ist die Zeit stehengeblieben – das Eis schmekt noch wie vor 20 Jahren, die Sahne ist handgemacht und unglaublich lecker.

KNEIPEN, KINO UND MEHR ... Wismar hat viele Kneipen und Bars mit dem „gewissen Extra", das sich nicht erst nach dem x-ten Bier einstellt. Der „Schlauch" in der Lübschen Straße, zwei Minuten vom Markt entfernt, hat seit Jahrzehnten Kultstatus. Hier spielen regel-

mäßig Musiker auf, meist Blues, manchmal bekannte Größen, manchmal Gäste, die ihr Instrument mitgebracht haben. Wismars größte Kneipe ist das „Brauhaus" am Hafen – Wismars letztes Brauhaus von einst fast 200! Egal ob „Wismarer Mumme" oder „Roter Erik" – das Wismarer Bier sollte man probieren. Auch die Bierbowle schmeckt. Gleich gegenüber gibt es raffinierte Cocktails im „New Orleans", im Barcafé „KAI" gibt es weltoffene, urbane Atmosphäre. Maritim und auf den Wellen schwankend sitzt man im „Ponton" – die schwimmende Kneipe im Alten Hafen ist etwas Besonderes.
Junggebliebene können im Studentenclub „Mensakeller" Richtung Friedenshof feiern – von der Altstadt 20 Gehminuten entfernt. Dort gibt es jeden Mittwoch und Samstag Disco und Themenpartys nicht nur für Studenten. Auf dem Hochschulcampus lädt der „Block 17" jeden Freitag zur „Block Night".

In Wismar gibt es vier Möglichkeiten, an frischen Fisch zu kommen. Angeln ist an Bord einiger Motorboote möglich. Direkt vom Kutter kaufen kann man im Alten Hafen. Ein besonderes Flair erlebt man in der Wismarer Fischhalle. Vom Hafen Richtung Altstadt/Breite Straße gehend, versteckt sie sich hinter einem Sparkassengebäude und einem Eisenwaren-/Werkzeughändler. Wem der Fisch da noch zu sehr zappelt – in mehreren Restaurants gibt es ihn fangfrisch zubereitet.

THEATER Etwas außerhalb der Altstadt, direkt auf dem Hochschulcampus (Philipp-Müller-Straße), befindet sich seit 1949 das Wismarer Theater. Eine ausgediente Exerzierhalle wurde hierzu umgebaut, nachdem das historische Haus in der Altstadt 1948 völlig ausgebrannt war – ein „Provisorium" mit Orchestergraben und sehr guter Akkustik! Das Haus blieb erhalten und wird seit 2007 umfassend zum Passivhaustheater mit moderner Architektur und minimalen Energiekosten modernisiert. Sind Stars und Sternchen zu Gast, sind die 440 Sitzplätze im „Großen Haus" schnell ausverkauft. Dazu kommen Angebote der Kammerbühne für Puppentheater und mehr im stilvoll sanierten Gebäude. Spielplan und mehr unter
www.theater.wismar.de, Kartenverkauf: Touristenformation Wismar, Service-Center OZ und unter www.eventim.de.
Abendkasse: Theater Wismar, Bürgermeister-Haupt-Straße 14, 23966 Wismar, Tel. 03841 326040

Liniennetzplan f
Hansestadt Wis
Wismarbucht
Ostseeblick
Proseken
Wendorf
Friedenshof
Dammhusen
Gägelow
Gartenstadt
1 2 4 5
Seebad Wendorf
Seeblick
Erwin-Fischer-Straße
Liselotte-Herrmann-Straße
Platz des Friedens
R.-Wagner-Straße
Werftstr.
Burgwall
Ulmenstraße
Lohberg
Dahlmar
Br.-Tesch-Str. / R.-Breitscheid-Str.
Bruno-Tesch-Straße
Am Klingenberg
Hinter Wendorf
Nixenring
Ostseeblick
Neptunring
1 2
240
2
Proseken Hauptstr.
Proseken Schule
Gägelow Wischer Str.
330
Gägelow Kreuzung
Gägelow Marktstr.
Gägelow Marktplatz
Gägelow Gewerbering
Gägelow Hotel
1 2
Wendenkrug
Lübsche Burg
Tierpark / Bürgerpark
P+R
Köppernitztal
Ph.-Müller-Str./ Hochschule
Köppernitztal / Ph.-Müller-Str.
Johannes-R.-Becher-Straße
Sporthalle
Ossietzky-allee
Ph.-Müller-Str./ Krankenhaus
Friedrich-Wolf-Str.
Dreves-wäldchen
Barlachweg
Hanns-Eisler-Straße
Schiffbauer-promenade
Störtebeker-straße
B.-Härtel-Str.
1
Friedenshof/ H.-Rothbarth-Straße
Dammhusen/ Gartenstadt
2 4
330
Quer-straße
Viereggenhof
Rothentor
130
235
1
2
3

die
ar
Redentin
3 230
Fischkaten
Inselstraße
Am Seeufer
Hoher Damm
Eiserne Hand
Am Wiesengrund
Gartenstraße
Haffeld
0 240
0 245
5 330
Philosophenweg
Kagenmarkt
Bahnhof
ZOB
Lindengarten
Gdansker Straße
Zum Siedehaus
ltstadt
Kritzow
6 24
Dargetzow
Am Markt
Am Schilde
Rostocker Straße
Kastanienallee
Diamanthof
Am Weißen Stein
II. Wendung
Dargetzow / Amselweg
Kritzow Gewerbegeb.
Rüggow Gewerbege.
Kritzow Dor
Turner Weg
Dr.-Leber-Straße
Kanalstr. / Podeusstraße
chweriner Straße
Kanalstr. / Dahlberg
Arndtstraße
Baumweg
Klußer Damm
Lenensruher Weg
Mühlenteich
Wismar Süd
2
Lindenweg
NAHBUS
Nordwestmecklenburg GmbH
Wismarsche Str.155 • D 23936 Grevesmühlen
Tel:. 03 881 / 78 88 10
Fax: 03 881 / 78 88 16
E-mail: info@nahbus.de
LEGENDE
1 Linie
Linie mit Haltestelle
Haltestelle wird nur in Pfeilrichtung bedient
P+R Parkplatz mit Anbindun an Haltestelle

Restaurant Weincafé
Wernesgrüner
Restaurant Weincafé
Wernesgrüner
Salzfäßchen